U0661940

丛书编委会

总 策 划：来新国　王文成

编委会主任：郭齐勇　周晓亮

编　　　委：来新国　陈知涯　张　彧　尹格韬　沈　众

　　　　　　王文成　孟淑贤　周长志　罗养毅　秦　丹

　　　　　　乌　琛

大家精要

焦循

陈居渊 著

陕西师范大学出版总社

图书代号 SK17N0237

图书在版编目(CIP)数据

焦循 / 陈居渊著. —西安：陕西师范大学出版
总社有限公司, 2017.7（2024.1重印）
（大家精要）
ISBN 978-7-5613-9292-8

Ⅰ.①焦… Ⅱ.①陈… Ⅲ.①焦循（1763—1820）—
传记 Ⅳ.①B249.8

中国版本图书馆CIP数据核字（2017）第138163号

焦 循　JIAO XUN

陈居渊　著

责任编辑	郑若萍　王雅琨	
责任校对	舒　敏	
封面设计	张潇伊	
出版发行	陕西师范大学出版总社	
	（西安市长安南路199号　邮编710062）	
网　　址	http://www.snupg.com	
印　　制	永清县晔盛亚胶印有限公司	
开　　本	650 mm×930 mm　1/16	
印　　张	10	
字　　数	100千	
版　　次	2017年7月第1版	
印　　次	2024年1月第2次印刷	
书　　号	ISBN 978-7-5613-9292-8	
定　　价	45.00元	

读者购书、书店添货或发现印刷装订问题，请与本公司销售部联系、调换。

电话：（029）85303879　　传真：（029）85307864　85303629

目　录

第1章

家世生平

　　"故人西辞黄鹤楼，烟花三月下扬州。孤帆远影碧空尽，唯见长江天际流。"这是唐代大诗人李白的《黄鹤楼送孟浩然之广陵》诗，千百年来脍炙人口。诗句中的"扬州"，就是现在的江苏省扬州市。说到扬州，大家自然会想到扬州美女、扬州八怪、淮扬盐商、淮扬菜系等等。不过，历史上的扬州不仅是古代的九州之一，而且还是东南重镇。特别是在明清两代，扬州便是集东南漕运、盐运为一体的中心，商业繁荣、经济发达，是江南地区的第一大都市。同时，扬州还是一个文化底蕴深厚、文人荟萃的城市。唐代的"文选学"就诞生在这块土地上，宋朝的欧阳修、苏轼、刘敞等著名学者也都担任过扬州的地方官。到了清代乾隆、嘉庆年间，扬州涌现出许多从事学术研究的大家，被后人称为"扬州学派"，当时享有"一代通儒"美誉的焦循，就是其中极为著名的一位大家。

诗书传世的北湖焦氏

焦循（1763～1820），字理堂，一字里堂，晚号里堂老人，清代著名经学家、易学家，乾嘉扬州学派的重要代表人物。清乾隆二十八年（1763）二月三日，出生在江苏省（1667年设）扬州府甘泉县黄珏桥焦氏老宅（甘泉县，清雍正十年析江都县置，以县西甘泉山得名。民国元年甘泉复并入江都县，中华人民共和国成立之后，建邗江县）。

甘泉县地处扬州城西北，黄珏桥是一个不大的村落。村分上下两庄，聚族而居，屋瓦相接；庄后种竹，竹外古树千余株，树间有楼，人称"焦家楼"。早在乾隆年间，由于经常发生水患，庄中族人便纷纷外出另觅栖身之地，于是本来人丁兴旺的焦氏族人也逐渐零落，人去楼空，两庄所存之屋，仅十之三而已。

焦氏最早从什么地方来到扬州定居，现在已经没有谱系可考。但是根据焦循自己编写的《北湖小志·家述》，焦氏在明初永乐年间（1403～1424），焦循的伯高祖焦明遴带领族人前往湖滨居住，初居江都东乡八港口。焦明遴号望武，平时信仰真武神最为虔诚，曾经因梦中听到真武神告诫他说"此地有大厄，不可居"，醒来之后，他反复思量，认为这是神灵为了保佑焦家而托梦相告，于是举家迁往扬州城北涧陈坝之西定居，他就是后来北湖焦氏的始祖。

焦明遴生有二子，分东西两支。东支生焦广，始迁下庄，分为七房；西支分为四房，七传至焦文科。焦文科，字仰湖，曾在江都县担承刑掾。他为人忠厚善良，每逢人有危难，总是能够挺身相助，而且不愿轻易受人一钱，他就是焦循的玄祖。焦文科生有四子，明峻、明旸、明显、明德，四子成人后各自独立，于是分家业又为四房。其中第二房的焦明旸，字震鸣，即为焦循的高祖。他也生有四子，泰来、必萃、豫来、师来。其中第四子焦师来后改名为焦源，是江都邑学生，以躬耕自给，因为娶了同郡富家卞氏，所以家业较为殷实。他还精通《周易》，著有《读易图》，他就是焦循的曾祖。焦源生有二子，名炳和镜。焦镜为国学生，他是焦循的祖父。当时同乡中有个叫王方魏的处士，生有一女，见焦镜为人厚道，便将女儿许配给了他。焦镜生有一子，名葱，曾经纳粟为太学生，他是焦循父亲。焦葱娶谢氏，谢氏既能干又贤惠，可惜她没能为焦家生下一个儿子，于是劝她的丈夫又娶了殷氏。殷氏生有三子：焦循、焦律和焦徵。焦循娶北湖望族阮承勋之女，生有二子——廷琥、廷绣，一女——弧矢。廷绣早殇，弧矢嫁常焕。长子廷琥字虎玉，博学工诗，读书颇有慧心，知平圆三角之法。焦廷琥生有三子：授易、授书、授诗。对于这样一个绵延不断的焦氏家族，焦循非常自豪，他有诗云：

湖居五百载，族系尚绵绵。

祖德留门户，芳徽在简编。

诗书当世守，名字几人传？

旧谱新增茸，家传好待镌。

焦循幼年聪慧，三岁时，就能辨识贴在门上的春联中"栽""裁"两字的差别，因此深得嫡母谢孺人的宠爱，于是亲自给焦循口授唐诗绝句。六岁的时候，焦循遵父之命开始背诵《诗经》。不久便进入书塾读书，跟随表兄范徵麟学习音韵、训诂之学，开始接触了《左传》《古文轨范》等。在焦循刚满八岁时，一次偶然的机会，使得焦循家与北湖阮家结成了秦晋之好。阮家是北湖的大户人家，从元代末年以武功显世后，历代都以武起家，在扬州很有声望。这年正逢阮家为阮承勋生日祝寿，按照当时的习俗，焦循随同叔祖父前去阮家祝贺。在这天的生日宴席上，小小年纪的焦循初露才华，他运用阅读屈原《楚辞》时所获取的知识，准确辨识了阮家墙壁所题"冯夷"两字的读音，受到了当时来贺宾客的一致赞扬。因此不但得到了阮承勋的赏识，而且还以自己的小女相许。从此，焦循不时去阮家问学论文，特别是与日后官至总督、成为一代名臣的阮元（1764～1849）最为投缘，因为焦循年长阮元一岁，所以阮元称焦循为姐夫。后来阮元为焦循所编写的《北湖小志》作序时还追忆说："元（阮元）家在北湖九龙冈，族姊夫焦里堂孝廉家在黄珏桥，相隔一湖。幼同学，往来湖中者屡矣。"

　　少年时代的焦循，天性好辨，又率直多言。曾经与父亲讨论中国历史，在论及东汉党锢事件的时候，他明确表示"愿为杨桓，不为范滂"，显示了他爱憎分明的性格。这时期的焦循，虽然非常好学，而且兴趣广泛，并涉猎多种学问，但是对儒家的经典尚未有足够的认识，学习的范围也只限于古文辞方面。

乾隆四十四年（1779），焦循赶赴扬州，参加入学资格的童子试。由于能够辨析字的读音和解释字义，得到了主持考试的刘墉（1719～1804）的赏识，从而被录取为学生员。同时刘墉鼓励焦循学习经学，告诫焦循只有精通经学后才能学以致用，报效国家。刘墉字崇如，号石庵，山东诸城人。乾隆十六年（1751）进士，由编修累官至体仁阁大学士，加太子太保。刘墉为人机警，政术娴熟，深得乾隆的器重。刘墉精通书法，曾经分别研究过历史上如钟会、颜真卿、苏轼、董其昌等书法大师的书法，并且能够融会贯通。同时他对《阁帖》也有研究，功力也很深，从而使他的书法艺术形成了用墨厚重、笔法外柔内刚、貌丰骨劲自成一体的特点，被誉为"近世小真书，以诸城第一"，与当时的翁方纲、王文治、梁同书并称四大家，有《清爱堂帖》石刻传世。对于刘墉的知遇之恩，焦循终生铭记不忘，在他晚年编定的《雕菰集》中，首篇即冠以《感大人赋》，并在其小序中，历叙了自己在刘墉教诲下由辞章之学转向立志经学的过程。由于得到了刘墉的鼓励和推荐，焦循于乾隆四十四年来到了当时扬州著名的安定书院学习。这年，焦循十八岁。

安定书院，在扬州三元坊，是清代康熙元年（1662）巡盐御史胡文学为了纪念宋代学者胡瑗而建立的。胡瑗祖籍安定（今山东范县东），学者都称他为安定先生，所以书院也以"安定"命名。当时安定书院的主讲老师是吉梦熊，他是一位饱学之士，江苏丹阳人。乾隆十七年考中进士，被选为庶吉士，授翰林院编修，后入御史台，转兵科给事中。历任鸿胪光禄太仆、三寺少卿、顺天府尹、内阁侍读学士、通政使等职。焦循在入学之初，便去拜谒吉梦熊，吉梦熊见焦循十分有灵气，于是他与刘墉一样，也勉励焦循学习经学。不久，焦循在安定书院结识了当时兴化县的顾凤毛。顾凤毛，字超宗，号小谢。他的父亲顾九苞，字文子，博闻强记，考中乾隆四十六年（1781）进士。他精通《诗经》《礼经》，是兴化县的名儒。顾凤毛从小耳濡目染，十一岁时便能解读经书，并且在天文、地理、礼乐等方面也有研究。两人结识之后，都有相见恨晚之感，于是约定共同致力于经学研究，并立志重新解释《孟子》一书。乾隆四十八年，谢墉督学扬州，倡导经学，焦循与顾凤毛同时成为廪膳生。从此，焦循与顾凤毛不仅成为志同道合的学友，而且两人还结成了深厚的情谊。

乾隆五十年，焦循父母先后病逝。当时焦循正在扬州安定书院读书，得知父亲病危的消息后，还未赶回家中，父亲就已经停止了呼吸。然而当家人告诉他父亲临终前非常希望见他一面时，焦循痛不欲生，几乎打算自尽，后来被他的岳父阮承勋百般劝阻，情绪才算安定下来。但是，父亲的病故，对焦循的精神打击很大，用他自己的话来说，就是"生平第一大咎，梦寐中所不能安也"。不久，焦循的嫡母谢孺人也去世了。

俗话说祸不单行，正当焦循还沉浸在失去双亲的悲痛之时，新的打击又悄然而至。乾隆五十一年，又到了清朝的大比之年。按照清代科举考试的规定，凡是正在服丧期间的学生都不能参加考试。由于这次考试所出的考题为"过位升堂考"，这恰恰是焦循平时烂熟于心的题目，对他来说，可谓驾轻就熟，得心应手，毫不困难。可是人的命运往往就是难以捉摸的，眼睁睁地看着这种一生中难得一遇的机会与自己擦肩错过，焦循只能暗自悲伤，感叹命运对自己的作弄。焦循曾在给友人的一封信中提及此事："乾隆丙午，弟丁外艰，而是年朱石君先生主江南试，一闻试题，弟既作《过位升堂考》一篇，已而魁墨出，竟如弟所言，时人颇为弟惜，然循惟悲戚而已。"

也就在这年，扬州又遭受了百年未遇的大旱，面对这灾荒之年，作为家中的长子，焦循为了全家的生计，他无奈地选择了辍学，回乡务农。一天，某一书商怀里揣着一部《通志堂经解》来到焦循的家里，说是愿意出售该书，书价为三十金。这时的焦循，因家里迭遭凶丧，不仅负债累累，而且家中仅存的一些碎银，也是不久前卖掉数十亩良田才换来的，而这些碎银还远远不能用来糊口，更谈不上抵值三十金的书。《通志堂经解》一名《九经解》，是一部搜集了唐宋元明关于《周易》《尚书》《诗经》《春秋》等儒家经典的注释并加以汇编的书，这对于正在立志学习经学的焦循来说，它的诱惑力实在是难以抗拒。出于无奈，焦循不得已与夫人商议，劝说夫人卖掉平时佩戴的钗珥，以换购书之资。虽然后来一家人不得不每天只能靠吃山薯或麦屑粥度日，生活十分艰辛，但是得到了《通志堂经解》这一部重要著作，焦循为此感到开心。

正是出于生活的窘迫，自乾隆五十二年（1787）起，焦循接受了扬州寿氏、卞氏、牛氏、郑氏的邀请，先后担任了他们的家庭教师。这时期，焦循在扬州教书之余经常与黄承吉、李钟泗、江藩等人"以经义文事相切磋"讨论学问，当时便有"江、焦、黄、李四友"之称。这时他还与顾凤毛时时相遇，同卧一室，甚至在月明花香之夜煮菱角烹茗，通宵达旦地论学谈艺。乾隆五十三年（1788），顾凤毛不幸病逝，闻听这位相知甚笃的学友英年早逝，焦循悲痛万分，为了纪念这位挚友，他不仅写下了《哭顾超宗》的动人诗篇，而且又作《顾小谢传》。他在《顾小谢传》中不仅追忆了与顾凤毛的友情，而且坦率地告白了顾凤毛还教会了他做人的道理，这对焦循可谓终身受益，他身体力行。

早在乾隆四十六、四十七年期间，焦循在扬州结识了当时穷困潦倒而寄宿在都天庙中日夜苦读的同乡徐复，十分同情他，并从经济与学问方面给以极大的支持和帮助，终于使徐复顺利地考入书院，完成自己的学业。可是，徐复后来对这位曾经有过知遇之恩的学术引路人，不但不知图报，反而时时恶意中伤焦循。乾隆五十三年，徐复府试得到了第一名，为了追逐名利，竟不惜诋毁焦循的学问。徐复的这种恩将仇报，引起了焦循好友黄承吉、李钟泗等人的谴责，但是焦循始终平静以对，保持着忍让的态度，且在徐复去世后，仍不忘旧谊，盛赞其艰苦学习的精神，并亲自为他作传，以示纪念。对比之下，焦循显得较为坦然，尽管对徐氏有些怨恨，但在其死后，不计个人恩怨，还为他撰写传记，表彰徐氏对学问的执着，显示了焦循较为宽阔的胸怀。这也就是焦循所说的顾凤毛教会了他做人的道理。

不久，焦循再次参加了乡试。由于焦循性格孤傲，又不愿依附他人，所以乡试的结果还是名落孙山。然而与焦循仕途的连蹇不遇不同，他的少年好友，也是他的妻弟阮元却较为顺利，不仅在乾隆五十四年考中了进士，而且很快就进入了翰林院担任了编修。在中国古代社会，读书是为了做官，读书人的唯一选择，便是通过科举考试，获取功名，光宗耀祖。因此，这期间，焦循除了努力读书和学术研究外，仍热衷于求取功名，积极参加科举考试，并且决定走出扬州，泛游鲁浙等地。

徘徊于游幕与科举之间

乾隆六十年（1795），阮元被朝廷任命为山东学政，出于对自己姻亲的关怀，阮元邀请焦循入幕，焦循欣然应邀。游幕，是清代学人的一个重要特征。游幕不仅是当时读书人在积极准备进入仕途的"捷宦之径"，而且也是学人在仕途被阻而化为泡影之后，较为理想的求职之路。乾嘉之际，经典考证成为一种社会时尚，一些封疆大吏，由于娴熟儒家经典，有比较深厚的历史文化意识，非常重视提倡学术文化的建设。为了显示自己的儒雅，他们往往设幕招宾，从事编书、校书、刻书等学术文化活动。如当时两淮盐运使卢见曾的幕府中，就招延了像惠栋、戴震等著名汉学家入幕，刊刻了被称为"世间罕见之本，卷帙宏富，楮墨精好，洵足珍秘"的《雅雨堂丛书》。又如当时的安徽巡抚朱筠，在学人中间享有崇高的威望。一时如洪亮吉、孙星衍、邵晋涵、王念孙、汪中、黄景仁、武亿、钱坫等汉学精英争相入幕，"学者以不得列门墙为憾"。他们或"考古讲学"，或"酾酒尽醉而已"，学人游幕之盛，可见一斑。

乾隆六十年的正月，焦循随阮元出试山东。先由东昌至临清，二月至济南、青州，三月至登州，登蓬莱阁，作《登州观海记》。四月，由莱州复回济南。其间，焦循结识了著名考据家武亿（1750~1799）。武亿，字虚谷，一字小石，河南偃师人。乾隆四十五年（1780）进士，授山东博山知县，创立范泉书院，人称"父母武公"。当时和珅当权，他派番役以捕盗为名，在山东地界的各个州县横行霸道，惹是生非，作为地方父母官的武亿，见此十分不满，他主持公道将这些番役拘捕归案，因此得罪了和珅而被免去了官职。武亿的学术成就，主要是在经史考证方面，著有《经读考异》《群经义证》等，尤其酷爱金石文字。他与当时的朱筠、黄景仁、洪亮吉等人交往非常密切，焦循尊称他为"偃师奇士老经生"。不巧的是，当时焦循正急着赶回扬州，所以未能及时与武亿详谈，此事后来成为焦循生前的一大遗憾。

这年的八月，焦循由扬州再赴山东，途经苏州时，他拜谒了著名学者钱大昕（1728~1804），并呈上新作《释弧》当面请益，得到了钱大昕的高度评价并为之作序。钱大昕，字晓征，一字辛楣，号竹汀，江苏嘉定（今属上海市）人。幼年聪慧，有神童之称。少年肄业于苏州紫阳书院，曾经与惠栋、沈彤等人讨论经学，往往能发前人所未发，被当时学者誉为"学究天人，博综群籍，自开国以来，蔚然一代儒宗"。不久，焦循又作《释轮》二卷，再度寄呈钱大昕，钱大昕称其为"英绝领袖"。从此焦循与钱大昕书信往来不断，这种情谊一直保持到钱大昕去世。

嘉庆六年（1801）初春，焦循再次由浙江返回扬州，准备秋天举行的乡试。这次，焦循终于如愿以偿，考中了举人，举家欢庆。然而对焦循来说，这样的功名，毕竟来得太迟了一些，距离他参加第一次乡试已十四年之久了。而此时的焦循，年纪已近不惑，而且也不复当年那种意气风发的进取精神，更多的则是对名利的淡泊。据焦循在《忆书》中回忆说，他在十四年前参加乡试的第二场考试时，曾经梦见了明代天启辛酉年举人章世纯，当时觉得好像是一个吉利的征兆，但是最后结果还是"榜发被黜"，于是"始悟章柳州亦辛酉举人，梦之奇验，无过于此。然柳州终不成进士，以县令终，余仕进之心，亦从此淡矣"。章柳州，是指章世纯，字大力，临川人，官柳州知府，终生未能考中进士。因此焦循自比章世纯，表达了他对仕途的失望，然而失望不等于功名之心完全泯灭。嘉庆七年（1802），焦循终于未能彻底摆脱读书做官的诱惑，毅然踏上北去之路，参加在京师举行的礼部会试。临行前，慈母殷孺人将焦循一直送至客船，并默默地伫立在桥侧，迎风眺望载着爱子的客船渐渐远去，其望子成龙的期待之情溢于言表。焦循见此状景，心里真是别有一番滋味，暗自发愿绝不能辜负母亲的期望。

焦循抵达京城后，立刻去拜谒主持嘉庆六年乡试的老师英和。英和，字定圃，号煦斋，满洲正白旗人。少有异才，乾隆年间进士。嘉庆时，首言开捐之弊，有永停开捐之诏，官至户部尚书。英和见是焦循来访，戏称焦循为"江南老名士，屈抑久矣"。同时告诫焦循参加考试不必趋风气，主考官的品行不同，与其去迎合主考官的好尚，还不如将自己所学尽可能表现出来，这才是正途。焦循听后，默默记在心里。这次礼部会试的考题是"为人君，止于仁；为人臣，止于敬"。当时考场中，举子为了赶时髦，往往以趋风气作答，毫无创意。只有焦循"核是题神理以为文"，使人有耳目一新之感。出场后，众举子听了焦循介绍自己所作之文后，都称赞不已，自叹不如，认定焦循这次必中第一名，而传言也说这次状元非焦循莫属，于是纷纷向他祝贺。然而，清代科场本是混浊之地，贿赂、舞弊现象时常发生，正所谓"三场辛苦磨成鬼，两字功名误煞人"。榜发，焦循落选，一时连尚书英和、彭元瑞、朱珪等元老级考官也为之叹息不已，都不明白其中到底藏有怎样的玄机。这次会试的状元是江苏吴廷琛，榜眼是江苏李宗昉，探花是江苏朱士彦，传胪是广东李仲昭，会元亦是江苏吴廷琛。会试受挫后的焦循，失望地回到扬州，写下了《题闱中诗》，表达了当时难以言状的心情：

> 两鬓萧疏已欲霜，才来京国学观场。
>
> 文章未解趋风气，禄命惟知听颢苍。
>
> 梦里归心萦故里，灯边夜语集诸方。
>
> 卷帘已是三更后，月影如金上棘墙。

诗中既有无可奈何的选择，又有些不甘心的自尊，而且还夹杂着那种淡淡的惆怅。

不过，焦循这次进京赴考，虽然仕途被阻，但是也不是没有一点收获。在京期间，焦循先后结识了京城学界一批诸如王引之、戴敦元、刘嗣绾、朱士彦等知名学者。王引之（1766~1834），字伯申，号曼卿，王念孙之子。嘉庆四年（1799）进士，官至工部尚书。一生治学，以父为师。从事音韵、文字、训诂之学，父子讨论，互相证发。所著《经传释词》，耗时二十多年，最为著名。王引之用归纳和演绎的方法，对古籍中的一百六十八个虚字，考订其源流演变，解说其意义与用途，并且订正其讹误，得到当时学术界的赞誉。该书以零星考证成果结集而成为有系统的学术论文，在中国训诂学史上占有重要地位，学术界赞为"高邮王氏一家之学，海内无匹"。戴敦元（1768~1834），字余溪，浙江开化人。幼年聪明过人，十岁举神童，为尚书彭元瑞所赏识。年十五便考中举人。乾隆五十五年（1790）进士，选庶吉士，散馆改礼部主事，后授刑部主事，典山西试。累迁郎中。嘉庆二十四年（1819），为广东高兼道。道光元年（1821），升任江西按察使。戴敦元为官清明，恪尽职守。他博闻强记，于书无所不观，尤其精通算学，但疏于作文，仅有诗数卷传世。刘嗣绾（1762～1820），字简之，一字醇甫，号芙初，江苏武进人。少颖思，识量过人。嘉庆十三年（1808）会试第一，为嘉庆帝所赏识，授编修。为人和平安雅，其诗文往往能"以快迈之笔，达函隐之思"。著有《筝船词》。朱士彦（1771～1838），字承休，江苏宝应人。嘉庆七年（1802）进士，授编修，谙习河事，督学湖北，曾经与白熔一起处理江苏、安徽水赈，均有政绩。朱士彦性格直爽，历官期间，忠于职守，办事公正，为嘉庆皇帝所赏识。焦循同他们结交，不仅拓展了自己的学术视野，而且增进了同他们之间的学术交流。

正在焦循科场失意、心情郁闷之际，远在杭州的阮元再度伸出援手，邀请焦循赴浙入幕。然而焦循这次赴浙江的心情与上次去山东入幕时相比，已不可同日而语，此时的焦循已不准备久居阮元幕府了。其间虽然仍有不少学友不断地勉励他不必灰心，多多练习殿试策文，以待三年之后的礼部会试中夺魁。但是焦循经过此番会试的挫折，对科举已无眷恋之情，仅在杭州小住了三个月，便于这年年底，由杭州匆匆返回扬州。从此不再外出游幕，居家著述，潜心学术研究。这年，焦循正四十岁。

蛰居雕菰楼的一代通儒

会试受挫，给焦循的仕途蒙上了一层阴影。同时，不间断的游幕生活，也使焦循感到身心疲惫。他曾经在杭州时所批注的《十三经注疏》本中写道："嘉庆壬戌八月二十八日，武林节署。时漏三下，秋雨生凉，空阶作声，望家书不到，殊闷闷也。"为了尽孝心，照顾正在病中的生母殷孺人，焦循下定决心从此放弃科举，结束外出游幕，回到北湖的半九书塾。

半九书塾是焦循幼年的读书处，早在乾隆十九年（1754），书塾因堂屋前部的柱子、椽子以及窗户栏杆严重损坏，曾经重修过一次。乾隆三十三年，焦循进入书塾读书时，他的父亲又认为书塾过于潮湿，不利于孩童读书，所以打算在原来旧有书塾的基础上加以扩建，由于遭到了族人们的反对，始终没能实现。此时此刻，焦循重回半九书塾，看着他周围所熟悉的一切，可谓思绪万千，他发下誓言，要在学术上作出一番成就。也就是从这年开始，焦循便在半九书塾一边授徒讲学，一边进行学术研究，直到嘉庆十四年建成雕菰楼为止，焦循始终没有离开过扬州，更没有离开与他日夜相伴的半九书塾。

嘉庆十年（1805），又逢清代三年一次的礼部会试。焦循的好朋友郑耀庭劝说他再次北上京师赴考，而且明确表示愿意出资相助。因为这次担任礼部会试主考官的不是别人，而是焦循平时最为他所景仰的前辈学者朱珪，而朱珪也素来推重焦循的人品与学问。正因为有这样一种特殊原因，焦循赴考夺魁的概率非常之大。然而焦循却不为此而心动，以老母多病为由，婉言谢绝了郑耀庭的这一番好意。他在给郑耀庭的信中表示，他的母亲近年来身体多病，希望他能够时常陪伴在左右，不再出远门，一旦有个不测，身边也可以有个照应。其实，这次焦循之所以不愿北上赴京师，放弃科考的机会，其原因是多方面的。首先，这时的焦循正患痔疮，痛苦不已，行走不便，难以远赴千里之外的北京应试礼部。其次，年迈的母亲身体健康每况愈下，焦循不愿再重蹈其父临终前自己未能侍候在侧的覆辙，留下终生遗憾。再次，焦循在科考中屡受挫折之后，对仕途已产生了厌倦之心，况且此番进京虽然主考官是最为熟悉的朱珪，但是否能够一举夺魁，还是个不定的未知因数，诚如他自己所说的"奈何以不可知之事，而奔走恐后耶"。

就在这一年，安徽宁化知府伊秉绶（1754~1815）转调出任扬州知府，焦循的生活也随之发生了变化。伊秉绶，字组似，号墨卿，乾隆五十四年（1789）进士，由刑部主事升员外郎。嘉庆三年（1798），出任湖南乡试副考官。伊秉绶幼承家学，为朱珪、纪昀所器重，工诗古文词。这年阮元也因丁忧回籍在扬州，鉴于扬州自春秋吴王夫差开邗沟疏通江淮以来，历经汉、唐、宋、元、明各代的经营，成为江南一大都市，经济极度繁荣，人文之盛，代不乏人，史不绝书。但是自从雍正十年（1732）编修过《扬州府志》后，时至嘉庆十年的近八十年间还没有人对它再作修订，所以家乡的历史人物已被很多人所遗忘，他们的著作也无人整理而散佚于人间。于是伊秉绶与阮元二人相约重新编撰《扬州府志》，并邀请焦循编修《扬州府志》和主纂《扬州图经》《扬州文粹》两稿。嘉庆十四年，焦循得到酬金五百，于是将其中的一部分用于维修半九书塾，并购买了位于半九书塾左边被称为"雕菰淘"的五亩地建筑新楼。新楼四面置窗，面对柳树堤，背面靠近竹园，距离黄珏桥东北约半里的路，桥的外面就是白茆湖，行人往来趋市，帆樯出没，远近鱼灯牧唱，春秋耕获，尽纳于牖。楼下置书柜，收藏生平所写的著述草稿，以为殁后神智所栖托。圹以藏骨，栖以息魂，取淘之名以名楼为"雕菰楼"。从此，焦循走出半九书塾，来到雕菰楼。在他人生最后的十余年间，他深居简出，足不入城，婉拒友朋之间的一切应酬活动，潜心研究学术。

嘉庆二十二年，焦循在完成了《易学三书》的编撰后，开始着手编撰《孟子正义》。这时他的身体状况也出现了明显的变化，常年患有的足疾一直困扰着焦循，从一年一发到"连月必发，每发痛彻骨"。同时，不间断地从事写作，也使他的右臂痉挛不止，直接影响到他的右手不能执笔。焦循深感时间的紧迫，于是对自己四十余年来的学术思想及其所作诗文进行了一次回顾与结集，取名《雕菰集》。《雕菰集》共二十四卷，由诗与文两部分组成。其中诗计四百二十首，文计三百二十六篇。其诗有古诗、律诗、赋、赞、颂、铭等，按时序编排，基本不出记事、忆人、述怀三类。徐熊飞赞其为"怀人感事，托为咏歌；温厚笃挚之情蓄于中者，油然不能自已"。文主要分为杂著、辨、论、解、说、释、考、议、答问、状、书、序、跋、书后、题、记、传、碑、墓志铭、墓表、事略、书事、祭文、哀辞等二十四类，较为集中地反映了焦循一生中各个时期的思想演变过程与学术传习活动。《雕菰集》编订于嘉庆二十二年，但是正式成为定本，是在焦循病逝前一年的嘉庆二十四年。《雕菰集》在焦循生前已经编定，然而刊刻则在焦循病逝四年之后，即道光四年（1824），上距焦循编定《雕菰集》已有七年之久，最后由阮元的堂弟阮亨刊刻完成。

嘉庆二十五年（1820）六月，也就是在编定《雕菰集》的第三年，焦循足疾再次复发，并且迅速转化为疟疾，持续高烧不退，完全病倒。在病床上绵延至七月，虽然家人请名医积极用药医治，但是效果并不明显。焦循自知"吾之病不能起矣"，便于这年的七月二十四日，对儿子焦廷琥交代了后事。二十六日，拒绝服药。二十七日辰时，这位乾嘉之际极负盛名的学者，带着最终未能亲手录完《孟子正义》手稿的遗憾，溘然长逝。这年，焦循五十八岁。

焦循病逝后，阮元久久不能释怀，以极其哀婉赞叹的心情特意为他撰写了《通儒扬州焦君传》一文，他在文中说：

> 焦君与元年相若，且元族姊夫也。弱冠与元齐名。自元服官后，君学乃精深博大，远迈于元矣。今君虽殂，而学不朽。元哀之切，知之深。综其学大指而为之传，且名之为通儒，谂之史馆之传儒林者，曰：斯一大家，曷可遗也。

阮元的这一番话，可以说是对焦循一生思想与学术的盖棺论定，如果焦循地下有知，也当含笑于九泉了。

第 2 章

古经新解

清代乾嘉时期，读书人一般都相信汉代的古文经学，他们继承了汉代古文经学的训诂方法而加以条理发明，用于古籍整理和语言文字的研究，形成了所谓的"朴学"，或称"汉学"。焦循生活的乾嘉之际，正是朴学的鼎盛时期，他从小就接受了朴学的启蒙教育。六岁的时候，他的父亲要求他读《毛诗》，辨识音韵。十一岁时，他又跟随精通《说文》的族父学习"六书"之学。十八岁时，他进入安定书院学习，接受了比较严格而又系统的朴学训练。他三释《诗经》、辨析《尚书》的真伪、探索《礼记》的意义、体会《论语》的真谛、质疑《左传》、诠释《孟子》的思想，从而形成了他早年探索古经意义的学术特征。

《毛诗》与《孔传》

焦循用朴学方法研究《诗经》的作品，主要有三部：《毛诗草木鸟兽虫鱼释》《毛诗地理释》与《诗毛郑异同释》。

《毛诗》一名《毛诗故训传》，相传是汉代毛亨的作品，它与汉代流行的《齐诗》《鲁诗》《韩诗》合称"四家诗"。毛亨，世称"大毛公"，汉代还有一个叫毛苌（一作长）的人，世称"小毛公"，也传授《诗经》。后来人们以大小毛公来称呼毛亨和毛苌。由于《毛诗》属于古文经学，与其他三家诗相比，当时它的影响并不突出。自从东汉有个叫作郑玄的人，他为《毛诗》作了解释（称为笺）后，《毛诗》便广为学人重视，于是就有所谓的"毛传郑笺"一说，《毛诗》也就成为自汉代以后解释《诗经》最具权威性的著作。然而在《诗经》中，特别是在《国风》的众多诗篇中，出现了很多当时自然界动、植物的名称，由于年代久远，同一物名，先秦人与汉人、汉人与魏晋人的称谓都有所不同，从而给阅读和理解《诗经》的实际意义都带来了一定的困难。对此，三国时，吴人陆玑编有《毛诗草木鸟兽虫鱼疏》二卷，上卷七十八条，专释《诗经》中有关草木的名称，下卷五十三条，专释《诗经》中有关鸟兽虫鱼的名称，卷末还附有鲁、齐、韩、毛四家《诗》的传授源流一篇。由于陆玑的时代相对古代不远，所以后人阅读《诗经》，遇到这些动、植物的名称时，一般都参考陆玑所作的解释。唐代孔颖达编写《毛诗正义》，凡涉及草木鸟兽虫鱼之名，也都引用陆玑的解释文字，以此作为范本。清代以来，不少学人纷纷对该书作补充，比较著名的有毛奇龄的《续诗传鸟名》与陈大章的《诗传名物集览》等。前者以考证为主，引证赅洽；后者虽精核不足，但可资博览。乾嘉时期还有程瑶田的《释虫小记》、赵佑的《毛诗草木鸟兽虫鱼疏校正》等等。乾隆四十六年（1781），即焦循步入弱冠之年的前一年，因读《毛诗》《尔雅》时，对前人所作的一些解释不是很满意，又鉴于当时流行的陆玑书残缺不全，于是作《毛诗草木鸟兽虫鱼释》。该书经过三次修订，六次易稿，耗时十九年才完稿，被段玉裁称为"精确不可易"，成为清代学人专门解释《诗经》中动、植名称的代表作之一。

乾隆五十二年，焦循在完成了《毛诗草木鸟兽虫鱼释》初稿后不久，又编写了《毛诗地理释》四卷，对《诗经》中有关国、郡、城市的疆域，山脉河流的走向，某一地名的地理位置以及沿革等都作了详细的考证。早在焦循之前，宋代学人王应麟就著有《诗地理考》六卷。王应麟（1223~1296），字伯厚，号厚斋，自号深宁居士，浙江鄞县人。宋代淳祐年间进士，授为西安主簿。后来升迁为著作郎、秘书监、权中书舍人兼国史编修、实录检讨兼侍讲、礼部尚书兼给事中等。后辞职回籍，隐居二十年，专事著述。为人博洽多闻，以熟悉掌故制度与精于考证著称。但是他所著的《诗地理考》，虽然采用了《尔雅》《说文》《地理志》《水经注》及前辈学者研究《诗经》中所涉及的国名、地名、山脉、河流乃至具体的建筑物等，一一加以疏通证明，但缺点是没有作者自己的见解。《四库全书总目提要》称之为"案而不断"。焦循正是基于《诗地理考》的这一缺憾，而"更为考之"。《毛诗地理释》虽然只有短短的四卷，但是一直延续到嘉庆八年（1803）才完成，耗时十七年，成为焦循研究《诗经》的又一部力作。

嘉庆三年，焦循乡试落选，于是在修改《毛诗草木鸟兽虫鱼释》《毛诗地理释》两书的过程中，深感毛亨对《诗经》的解释与郑玄对《诗经》的解释之间存在很多不一致的地方。为了纠正毛亨和郑玄著作中的偏失，于是又作《诗毛郑异同释》，一名《毛诗郑氏笺补疏》。嘉庆十九年，焦循对上述三书又作了一次调整，并将三书结集为一书，取名《毛诗补疏》。现存《毛诗补疏》列有一百七十六条考证，它的特点大致有以下三个方面：

一、扬毛抑郑。如《诗·秦风·车邻》："今者不乐，逝者其耋。"意思是说人生短暂，应该及时享受快乐，转眼间，人也就到了七八十岁的衰耋之年了。所以毛亨解释说："耋，老也。八十曰耋。"然而郑玄却将其解释为"今者不于此君之朝，自乐谓仕焉；而去仕他国，其徒自使老"，意思与毛亨完全不同。自从孔颖达编写的《毛诗正义》采纳了郑玄的解释后，郑玄的解释为大部分研究《诗经》的学者所认可。对此，焦循则认为郑玄的解释是一种引申意义，而毛亨的解释比较符合《诗经》的原意。

二、力纠孔颖达《毛诗正义》之失。如《诗·鄘风·君子偕老》："蒙彼绉絺，是绁袢也。"意思是说夏季炎热，人们身上蒙着那一层薄薄的绉纱，穿着短衣短裤。《正义》则认为袢延，是热气绁袢，是泄去蒸热之气。对此焦循详考其实。他引用左思《蜀都赋》"累毂叠迹，叛衍相倾"、司马彪《庄子注》"叛衍，犹漫衍也"，认为毛亨言"当暑袢延之服"中的袢延即叛衍。《释文》："袢，符袁反。"则袢延二字叠韵。又读延为以战反，则延与袢读去声，为叠韵。袢延之服，是指宽阔的衣服，所以《正义》与《诗经》原意不相符。

三、辨析毛、郑之异。如《诗·王风·兔爰》："尚无为。"毛亨解释为"尚无成人为也"，郑玄解释为"言我幼之时，庶几于无所为，谓军役之事也"，朱熹解释为"天下尚无事"，清人胡承珙说"幼时不识不知，无所事事。长大之后，多历艰难"。焦循则指出："为"字与古代"用""伪"两字相通，所以为、造、庸三字的意义也就相通，都是指当时风俗人心，没有欺诈、作伪、自用之事。这是毛亨与郑玄解释《诗经》的不同地方。

从上述三例中，可以看出，焦循研究《诗经》，走的仍是乾嘉学人所擅长考证的途径。不过，焦循研究《毛诗》与纯粹的考据家也是有区别的。他之所以推崇和赞赏毛亨对《诗经》的解释，在他看来《毛诗》继承了"温柔敦厚"的诗教传统。"温柔敦厚"，语出《礼记·经解》篇"温柔敦厚，诗教也"。它的主要意思，就是强调《诗经》为"吟咏情性，以风其上，达于事变而怀其旧俗者也。故变风发乎情，止乎礼义"，焦循认为《毛诗》的真正价值就在于此。将《诗经》三百篇视为谏书，这是汉代诗学的传统。汉人认为，《诗经》中对山川、溪谷、草木、鱼虫、鸟兽等景物的描述，对民间男女真挚爱情的诵唱，都隐含着婉转曲折的讽喻美刺之旨。然而到了宋代，人们对《毛诗》一般都持否定态度，诠释《诗经》，重点在心性修养，以理释诗。他们认为《诗经》的价值，不再是"温柔敦厚"的诗教，而是感发善心的读物。如《诗经》中的男女爱情之作，甚至被误解为"淫诗"。这就促使焦循对儒家诗论"六义"中的"比""兴"二义作一番新的诠释。

所谓"六义"，是指风、赋、比、兴、雅、颂，它原指古代诗歌的类型和表现诗歌内容的方法。其中比、兴二义，往往在风云月露的外衣下，具有推行王道教化的诗化意义，亦即唐人所崇尚的"以比兴宏道"。白居易在《读张籍古乐府》一诗中说："为诗义如何？六义互辅陈。风雅比兴外，未尝著空文。"可见，白居易所说的"六义"和"风雅比兴"，其实就是包含美刺、勤惩等在内的诗教。当然，认为《诗经》每一篇作品都具有美刺、勤惩义，那不是《诗经》的本来面目。但是从汉唐以来，这一观点却被历代《毛诗》的研究者所接受和继承。清代乾嘉时期，随着学术界复古与师古思潮的兴起，作为儒家诗论的"六义"，再度被学人所重视。如翁方纲、李重华等人明确要求恢复诗歌创作的教化作用。焦循研究《毛诗》，虽然是在辨析毛、郑之间的异同问题，但是焦循认为"夫诗，温柔敦厚者也。不质直言之，而比兴言之"，事实上是强调诗人作诗应该自觉遵循儒家的诗教传统。

焦循一再肯定《毛诗》的诗教功能，那是因为宋明理学家冲破《毛诗序》另立新说，儒家诗教传统受到了新的挑战。

《毛诗》每篇之前有一段简短的文字说明，称为诗序。就一篇内容而言的称为小序。在第一篇《关雎》之前，除小序外，还有一段泛论《诗经》的文字，则称为大序。汉唐以来，论诗的人都以《诗序》所提供的诗学理念从事《诗经》的研究。宋代庆历之后，随着疑经思潮的兴起，对《诗序》的真实性也提出了怀疑。如南宋朱熹研究《诗经》，初信《小序》，续而发生怀疑，最终摒弃不用，从而也就否定了《诗序》所具有美刺的功能。从此《诗序》与《毛诗》的权威性也不断受到学人的质疑。到了清代，宋明理学已成颓势，恢复传统经学成为学术界的主流，学人因"尊汉好古"而纷纷为《毛诗》《诗序》重新定位。如康熙年间陈启源的《毛诗稽古篇》一宗《小序》，解释也遵循《毛传》。又如朱鹤龄的《诗经通义》，则批评朱熹抨击《诗序》太过，为《诗序》张目。乾嘉时期惠栋的《毛诗古义》、胡承珙的《毛诗后笺》、马瑞辰的《毛诗传笺通释》、陈奂的《诗毛诗传疏》等，都可视为重新确立《毛诗》权威而所作出的努力。焦循早年生活在乾嘉汉学鼎盛时期，他以朴学的方法三释《毛诗》，显示了他服膺汉学的态度。但是他维护《毛诗》的权威，确认《诗序》的美刺功能，则又表明他的《毛诗》研究，深受儒家传统诗教的影响而未能有所新的建树。

焦循所著《尚书孔氏传补疏》，一名《尚书补疏》，二卷。所列六十二条考证，讨论的主题有二：一是《尚书孔传》虽然被公认是伪书，但是它的解释较汉代马融、郑玄等经师更为精详，具有思想史上的价值；二是《尧典》未亡，《大禹谟》《皋陶谟》原为一篇。

众所周知，《尚书》这部儒家经典，是由秦代博士伏生藏在屋壁里才躲过秦始皇的焚书和楚汉战乱之后幸存下来的。当初从屋壁里取出时，原来的竹简已经断烂了不少，经过拼凑整理，共存下二十八篇。因为这二十八篇是用汉代通行的隶书体改写的文本，所以称为"今文《尚书》"。后来又陆续发现了用先秦大篆或籀文书写的《尚书》文本，即"古文《尚书》"。古文《尚书》自孔子十一世孙孔安国作了传，并献给汉武帝后，因遭巫蛊事件，当时没有被立于学官，虽然社会上仍有私人传授，但是往往局限于与今文相同的二十九篇。其中比今文多出的十六篇虽有经文，却很少有人去学习，到了魏晋以后便就失传了。东晋时，有个叫梅赜的人，他给当时的朝廷献上一部伪造的古文《尚书》和《尚书孔氏传》，并且被立于学官，开始与流传的今文《尚书》并行于世。自唐代陆德明据此撰写《经典释文》，孔颖达据以作《尚书正义》后，它便与汉代伏生所传的二十八篇相混淆。从宋代开始，曾经有学人对它的真实性发生怀疑。如朱熹更是由怀疑古文《尚书》的二十五篇为后人伪作，到怀疑《孔传》《书大传》都为后人伪托。由于朱熹是当时的理学领袖，在学界享有很大的威望，所以他对古文《尚书》提出的怀疑具有相当大的影响。明代梅鷟的《尚书考异》，则是首开辨伪之作。清初考辨古文《尚书》蔚然成风，黄宗羲、顾炎武、朱彝尊、胡渭等也纷纷考证它的真伪，其中最为系统进行考辨的则是阎若璩的《尚书古文疏证》。

他列举了一百二十八条例证，确认古文《尚书》与《孔传》都是出自东晋的伪书。其间虽然有毛奇龄为之争辩，力主非伪，但是伪书一说，终成板上钉钉，难以撼动它的地位。乾嘉时期，惠栋作《古文尚书考》、江声作《尚书集注音疏》，段玉裁作《古文尚书撰异》、王鸣盛作《尚书后案》、孙星衍作《尚书古今文疏证》，皆崇今文而黜《孔传》，采纳马融、郑玄的解释。对此，焦循却力排众议，认为伪《孔传》的解经较马、郑、王各家的训注更为精详，并从词语训释的异同、历史事件的先后、著作权的归属等方面，列举伪《孔传》的七大优点。限于篇幅，略举二例如下：

第一，"曰若稽古"。这四个字，在汉代史书中又作"粤若稽古"，贾逵、马融、王肃等汉代经学家都解释为"顺考古道"。现在一般都认为它是古代史家追记古事开端所使用的惯用语，意思是说：古时有这么一件事。然而焦循认为《尚书》中的《尧典》《皋陶谟》等篇都以"曰若稽古"为开端，《孔传》解释"稽"为"考"，所以"稽古"就是"顺考古道"。而郑玄解释"稽"为"同"，解释"古"为"天"，因此"稽古"的意思就是"同天"。稽古与同天的区别，前者为天子专用，后者则适用于人臣。而郑玄混淆二词的含义，以致"文同义异，歧出无理"，所以《孔传》优于郑注。

第二，"四罪而天下咸服"。这是《尧典》所记载的一个古代历史事件。指尧帝禅位给舜帝后，舜帝便对不服从他控制的四个部族的首领，分别进行流放、驱逐、迁徙、处死等制裁。

据《孔传》记载，舜帝曾将共工流放到幽州，将骧兜驱逐到崇山，将三苗迁徙到三危，并在羽山诛戮鲧，在治了他们四人的罪后，天下归服，于是推举大禹负责治水工程。郑玄则认为，舜帝处理上述"四凶"事件，发生在大禹治水完成之后。焦循以为鲧原本是大禹的父亲，如果按照郑玄的说法，不仅有失舜帝贤明的形象，而且大禹也将被蒙上"三千莫大之罪"，所以《孔传》优于郑注。

此外如"尧舍丹朱"故事的正伪、《盘庚》三篇的作者归属、《明堂位》的讨论等等。焦循都认为伪《孔传》的解释优于郑玄的解释。那么焦循为什么明知《孔传》是伪书仍表彰其经典性的纯正呢？因为在焦循看来，伪《孔传》的主要优点不外乎深得"二帝三王之道"的真谛，具有思想史上的意义。如他认为在中国历史上的魏晋时期，曹操父子、司马氏父子都利用《尚书》记载尧舜禅让和周公践阼莅政的故事来夺取政权，因此一直受到古代持正统观念人的非议，而杜预、束皙等人为了逢迎新贵，便假借注释《春秋》、伪造《竹书》，为他们开脱，寻求其合法性的理论依据。于是有隐埋姓名者伪造经典，托名《孔传》，揭穿其险恶用心，以申明君臣大义。所以在焦循看来，即使《孔传》是伪书，如果所表达的思想纯正，符合"君臣上下之义"，那么它仍值得称道。

焦循在确认了伪《孔传》的思想价值后，在《尚书补疏》中，又提出了《尚书》中的《舜典》一篇未亡、《大禹谟》《皋陶谟》原为一篇的见解。《尚书》中是否有《舜典》一篇，古代可谓众说纷纭。唐代陆德明《经典释文·叙录》曾提出东晋梅赜所献伪《古文尚书》时便缺《舜典》一篇，后来由姚方兴利用王肃《尧典》注本的后面部分假冒《舜典》。此后，孔颖达作《尚书正义》、刘知几作《史通》以及《隋书·经籍志》等都同意此说。宋代赵汝谈的《南唐书说》，明代郝敬的《尚书辨解》又提出有《尧典》而无《舜典》一说。清初顾炎武、阎若璩均以《孟子》所引"二十有八载，放勋乃徂落"一句为证据，进一步考证出《尚书》原本并无《舜典》一篇，《舜典》是由伪《孔传》将《尧典》截分为二的伪作。同时毛奇龄提出《舜典》原来就未亡佚，仅仅是部分内容已经亡佚，并根据《史记》所提供的一些资料作《舜典补亡》一卷，力主《尧典》《舜典》原来各为一典，坚持古文《尚书》不伪说。焦循则综合了阎若璩、惠栋、王鸣盛等人考证《尚书》的成果，对此进行了详尽的考证，最后得出了两点结论：其一，《尧典》与《舜典》的关系，既有内在不可完全割裂的联系，又有相对独立的内容，犹如《康王之诰》与《顾命》之间的关系，两者不能截然分开；其二，《舜典》原来未亡，没有必要补作。

其实，现在《尚书》中的《尧典》一篇，原是司马迁所采取来记载尧、舜事迹的主要依据。对于这一篇先秦文献，当然应该予以重视。然而有一点则是可以确定的，那就是《尧典》虽然是记载尧、舜事迹的最早先秦文献，但是它并不是尧、舜时代的先秦文献，因为尧、舜时代还没有文字，《尧典》开头的"曰若稽古"，就证明无论是有《尧典》而无《舜典》，或者是《尧典》与《舜典》原为一典，都是后人追记。正因为是后人的追记，所以难免有后人的渲染复述的成分，甚至掺杂后人的思想，而这些都不应该影响到它所具有的文献价值。

与确认《舜典》未亡一样，焦循还提出古文《大禹谟》和《皋陶谟》原为一篇的观点。按照汉代的古文《尚书》与今文《尚书》，其中均没有一篇称为《大禹谟》的，但郑玄逸书有记载。梅赜所献伪《古文尚书》中也有《大禹谟》一篇，孔颖达《尚书正义》说："《大禹谟》《皋陶谟》《益稷》又三篇同序共卷。"后来清代阎若璩与惠栋经过考证，认为《大禹谟》的一些内容取自《道经》与《荀子》，从而判定它仍是魏晋人的杜撰。对此，焦循却独持疑义，认为《大禹谟》存于《皋陶谟》内，既未亡佚，也非伪书。然而自清初阎若璩、惠栋等乾嘉学者以来，判定古文《尚书》《孔安国传》为伪书已是学术界的主流，虽然还存有分歧，但是总体上已趋一致。因此焦循无论对《舜典》或者《大禹谟》等的辩说，自然很难得到多数学者的支持。长期以来，由于未见新资料出现，对历史上这桩《尚书》真伪悬案的探究，也始终停留在清人已作出的结论上，一直未有任何新的进展。

新的进展，出现在 1993 年湖北省荆门市郭店村一号墓出土竹简上。根据 1998 年由文物出版社出版的《郭店楚墓竹简》，其中所载《礼记·缁衣》征引《尚书》七篇九条，其中《顾命》篇无今本《尚书》内容，故实为六篇九条：《吕刑》三条、《君陈》二条、《咸有一德》一条、《君牙》一条、《君奭》一条、《康诰》一条。与今本相比照，《吕刑》《康诰》《君奭》共五条，内容与今本基本相符，属于由汉初伏生口传的所谓今文《尚书》的二十八篇，因此没有所谓的真伪之别。唯《咸有一德》《君陈》《君牙》三篇四条，则属于曾被宋代学者怀疑，最终被阎若璩、惠栋等清代学者判定为出自东晋赝品的伪古文《尚书》的内容。因此阎若璩等由此而断定古文《君陈》《君牙》"依托往籍以为主，摹拟声口以为役"，是出自魏晋时期的赝品，显然是有困难的。无独有偶，又据荆门郭店竹简《成之闻之》篇引征两条佚文，其一为"《大禹》曰：'余才宅天心。'曷？此言也，余言之此而宅于天心也"。根据李学勤先生《郭店楚简与儒家经籍》的研究，《大禹》即《大禹谟》。这条佚文同样不见于今传《大禹谟》，证明今传本确实是有问题的。但细观该文中所引"宅心"两字，则与今本《康诰》《立政》篇同，而所引"天心"虽然仅见于伪古文的《咸有一德》篇的"克享天心，受天明命"一句，但是说明古文《尚书》中确曾有《大禹谟》一篇，而上述由焦循所提供的推测，倒可备为一说。据此，阎若璩与姚际恒等坚持《咸有一德》是伪作的结论，并非板上钉钉，现在似有重新讨论的必要了。其实，由古代流传下来的任何一种文献，从语言角度而言，它具有相对的真实性，都意味着是一种曾经中断的零星片断。正因为是零星片断，所以也为其文本的可靠性提供了各种猜想的可能。焦循对伪《孔传》的重新评价，也当如是观。

《礼记》与《左传》

《礼记补疏》三卷，一名《礼记郑氏注补疏》，与《毛诗补疏》一样，也是焦循以考证见长的经学作品。

《礼记》作为先秦文献之一，最早名"记"。《汉书·艺文志》的六艺略礼类载有《记》一百三十一篇。班固认为"七十子后所记也"。《礼记》在西汉有两种版本：一是相传由戴德编定的八十五篇本，称《大戴礼记》；一是相传由戴圣编定的四十九篇本，称《小戴礼记》。现行《十三经注疏》所载《礼记》，即由郑玄注释、孔颖达作疏的《小戴礼记》。《礼记》虽然是儒家的一部杂编，但是在唐代被确立为儒家的经典后，它与《周礼》《仪礼》并行，故有"三礼"之称。《礼记》虽然取得经典地位较晚，但是它对人们的思想影响较《仪礼》《周礼》更为深远。也正因此，从汉末至明清，人们对《礼记》的研究从未中断。《四库全书总目》经部著录二十部，其中较有影响的除了《礼记正义》之外，就是南宋卫湜编写的《礼记集说》，元人吴澄编写的《礼记纂言》、陈澔编写的《礼记集说》，明代胡广编写的《礼记大全》，清代方苞编写的《礼记析疑》、杭世骏编写的《续卫氏礼记集说》，等等。乾嘉之际，惠栋的《礼记古义》与朱彬的《礼记训纂》则较为著名。

焦循《礼记补疏》共列有一百一十五条考证，其主要特点有二：一是以补充孔颖达《礼记正义》的疏漏，二是纠正郑玄注释《礼记》的失误。如卷一"丧三年以为极亡",此句出自《礼记·檀弓上》:"丧三年以为极,亡则弗之忘矣。"现列《礼记补疏》的第十三条。关于此句的解释与标点,有几种情况:一、郑玄注:"去已久远而除其丧",于"年"字下逗,于"亡"字绝句。二、孔颖达疏:"极,已也。亡作忘,向下读。"三、今本作"丧三年,以为极,亡则弗之忘矣"。焦循《礼记补疏》认为:"亡""除""去"三字意义相近。郑玄解释"除"为"亡"字,而"除其丧"之"丧"字,亦即经文"丧"字。经文以"丧"字断句,以"三年以为极"断句,以"亡"字断句。"亡"即亡去其丧,所以说"除其丧"。"去已久远"四字解释"三年以为极",意思是说三年的丧期已到了极限,应该解除其丧。这与下文所言"丧虽亡,而心则不忘"句相吻合。按照《檀弓》,此节原是记录了子思与曾子关于丧礼的对话。子思认为人死之后,无论是三日而"殡"或者是三月而"葬",都应该"必诚,必信",不留任何的遗憾,这样丧期虽然有三年的期限,但是已死去的亲人却永远活在自己的心中。所以焦循指出《正义》以"丧三年"为句、"以为极亡"为句,使整句"于辞未达"意思不明。这可视为《礼记补疏》纠正《正义》句读之误。

又如卷三"费而隐",此句出自《礼记·中庸》:"君子之道费而隐。"现列《礼记补疏》的第一百零六条,意思是说君子的道理广大而隐微。郑玄解释为:"费,犹佹也,道不费则仕。"孔颖达《正义》解释为:"君子之人遭值乱世,道德违费，则隐而不仕。"焦循《礼记补疏》引证《释文》《诗·皇矣》等文献，指出"费"，本作"拂"，又可作"佹"，而且"佹"与"诡"通用，既可训"戾"，也可以训"谲"。"佹谲"即"行怪"，这与上文"素隐行怪"一句相互贯通。因此所谓"费而隐"，即"隐不可佹，仕亦不可佹也。心乡于隐，则无论可隐不可隐，而一以隐为乡，则其隐为佹，此不可一于隐者也。若可隐而一以不隐为事，则必佹道。佹而仕，所谓佹遇也。君子之道，若必佹而乃得仕，则君子不仕矣"。这里，焦循既批评《正义》误将《中庸》所讲的"世道"视为"人道"，又指出郑玄不当在"素隐行怪"至"费而隐"之间断章。类似的辨析注疏异同，可以说是焦循《礼记补疏》的最大特征。

不过，单纯的考证，并不是焦循作《礼记补疏》的初衷。他所着眼的是通过这些考证来论述《礼记》的思想意义，提出以礼代理的思想主张。他认为如果按照宋明理学家一味强调的"存天理，灭人欲"，那么势必会引起学术上的争执，而礼则可以消弭这种争执。按照焦循的见解，在古代社会，理是刑狱之名，在政治社会生活中，则以是否遵循礼的准则为衡量标准，理是引起争执祸根，所起的是破坏作用，而礼则是维护社会秩序和君主专制尊严的最佳方式。乾嘉之际，阮元、凌廷堪都明确提出以礼代理的主张，一方面否定"理"的存在的合法性，另一方面则希望通过人的行事与活动来协调纷至沓来而不易解决的人际关系，从而凸显出"礼"的道德意义，重新唤起人们的道德意识。由此可见，焦循的《礼记补疏》形式上是一部考证著作，但他所显现的礼学思想，也正是乾嘉之际整个学术思想的一种反映。

　　在焦循探索《诗经》《尚书》《礼记》等古经的意义中，引人注目的还有《左传》。他著有《春秋左传补疏》，一称《左氏春秋传杜氏集解补疏》，共五卷。《左传》作为古代解释《春秋》的"三传"（另两部为《春秋公羊传》《春秋穀梁传》）之一，在汉代并没有立于学官，虽然刘向、刘歆父子都袒护《左传》。如刘向作《新序》《说苑》《列女传》等书，都直接采用了《左传》的部分内容；而刘歆则竭力为《左传》争取官学地位，但是当时学人的普遍意见，都认为它是"不传"《春秋》。西汉末年，王莽建立新朝时，《左传》虽然一度被立为官学，但是随着东汉王朝的建立，《左传》再度被废除。一直到了东汉王朝的结束，《左传》也始终没有得到官方的认可。尽管如此，《左传》在当时仍然有相当大的社会影响。如西汉贾谊作了《春秋左氏传训故》后，便不断有人替《左传》作注释。其中西汉有张苍、张敞、刘歆；东汉有陈元、郑众、贾徽、贾逵、马融、延笃、许淑、服虔、颖容；魏王肃、董遇等。到了晋代，学者杜预自称有"左氏癖"，编写了一部《春秋左传集解》（以下简称《集解》），条理《左传》凡例五十，别例四十九，其宗旨为三体五事。所谓"三体"，即发凡正例、新意变例、归趣非例。所谓"五事"，即"微而显、志而晦、婉而成章、尽而不污、惩恶而劝善"。杜预认为《左传》发凡五十，皆周公旧例。如《左传》宣公四年："凡弑君，称君，君无道也；称臣，臣之罪也。"杜预解释说："称君，谓唯书君名而称国以弑，言众所共绝也。称臣者，谓书弑者之名以示来世，终为不义。改杀称弑，辟其恶名，取有渐也。"其称"书""不书""先书""故书""不言""不称""书曰"等"变例"为孔子新例，而且对历史上所谓的"弑逆之臣"都着力维护，因此引起了后世的讥讽，焦循便是其中较具代表之一。

据焦循的《春秋左传补疏自序》，不难看出，他由最初的喜好《左传》，到后来的怀疑《左传》，最后又抨击杜预《集解》，其实是出自他对杜预其人的鄙夷。据《晋书》杜预本传记载，杜预的祖父杜畿，曾经担任过魏国（曹魏政权）的尚书仆射。父亲杜恕官至幽州刺史，为人倜傥，因与司马懿不和，受到司马懿的排挤，于是忧郁而死。杜预也因此受到牵连，仕途被阻。后来司马懿的儿子司马昭为了达到最终取代曹魏政权的政治目的，不断扩大自己的政治势力，广收才士，将自己的亲妹妹许配给了杜预，从此司马家与杜家结成了亲家。于是，杜预也时来运转，官运亨通，拜将封侯，他将以前杜氏与司马氏两家的宿怨抛之脑后，竭力效忠于司马氏。所以焦循说他："既目见成济之事，将有以为昭饰，且有以为懿、师饰，即用以为己饰。此《左氏春秋集解》所以作也。夫懿、师、昭，乱臣贼子也。"焦循所说的"成济之事"，是指曹魏太子舍人成济，他依附司马昭，当魏主曹髦企图率众攻击司马昭时，受司马昭的心腹贾充指使，用戟刺死魏主曹髦，事成之后，司马昭为平息众怒，反而以有失君臣大义之罪将他全家杀死，以此维护自己一贯忠于魏主的假象。然而当时了解这一事态真相的杜预，不仅没能站出来主持正义，揭发司马昭的险恶用心，反而竭力为司马昭粉饰，甚至还美化司马懿和司马师，焦循认为这就是杜预编撰《集解》一书的真正企图。为了证明自己所作判断不诬，焦循在全书中，就此议题再三阐发，可谓不遗余力。如书中桓公二年"春王正月戊申，宋督弑其君与夷及其大夫孔父"条，焦循说："杜预之以孔父为不善，所以掩王凌、何晏、李丰、张缉、毌丘俭、诸葛诞、王经之忠。诸君之忠掩，则预之不孝不忠著。余故详述王凌、何晏、李丰、张缉、毌丘俭、诸葛诞之忠，以明孔父之忠，不致令预得假左氏之诐辞，以乱我圣经也。"又如书中庄公十二年"秋八月甲午，宋万弑其君捷及其大夫仇牧"条，焦循说："杜氏每以名字为褒贬，曲为之说，其病甚大。"又如书中襄公二十五年"下车七乘，不以兵甲"条，焦循说："司马昭葬高贵乡公，隆帝礼为王礼，全袭左氏。杜预即隐以比高贵于齐光、司马为崔氏也。杜预托左氏以掩司马氏之恶。"凡此种种，都显示出焦循所持有的正统观念及其对杜预的偏见。

魏晋之际，曹氏政治集团与司马氏军事集团之间的冲突，从根本上说是维护皇权与夺取皇权的政治斗争，两者之间本来也谈不上谁是正统，谁是伪统。因此，杜预本人虽然与司马氏集团有着千丝万缕的关系，甚至书中也不免时时显露出袒护司马氏的主观倾向，然而这在皇权至高无上的古代社会，他之所以作出这样的一种选择，也是能够理解的。而且从现在传世的

《春秋经传集解》来看，它也并非没有可取之处。如书中杜预就提出了"民为神主""政顺民心""国之用民，当随其力任"等民本思想。在杜预看来，无论是建立怎样的政权，首先应该得到民众的支持，顺应民心，然后才谈得上开拓疆土，建立事功。民心的向背，直接关系到政权的存亡，所以杜预又提出了"政顺民心"的要求。《左传》说"子为大政，将酌于民者也"，杜预解释说："酌取民心以为政"。既然民心有如此重大的作用，因此君主首先考虑的不是怎样"用民"，而是应当怎样"利民"。杜预解释《左传》所提出的这种"国之用民，当随其力任"的政治理想，也正是儒家民本思想中"民贵君轻"理论在魏晋时期的再诠释，这不仅在价值判断上颠倒了传统的尊卑观念，而且也揭示了《左传》研究的时代方向，应该说是一种进步。据《晋书》介绍，《春秋经传集解》甫出，虽然不为当时所重，但是得到了后来一些学者的推崇，如陆澄、王俭、房玄龄等盛赞其书，这说明杜预对《春秋左氏传》的诠释得到了当时学术界的认可。然而焦循却将其视为"司马氏之私人，杜恕之不肖子，而我孔子作《春秋》之蟊贼"，这种严厉的批评，除了焦循确信春秋笔法之外，其原因不外乎他所持有正统的历史观念。

《论语》与《孟子》

有关《论语》的研究，焦循著有《论语通释》与《论语补疏》两部。《论语通释》分为十五篇,其篇题依次为:《一贯忠恕》《异端》《仁》《圣》《大》《学》《多》《知》《能》《权》《义》《礼》《仕》《据》《君子小人》。《论语补疏》则是在《论语通释》各条目的基础上经过增补、改定而编定的,比较全面地反映了焦循阅读《论语》的心得。

今本《论语补疏》所列七十四条,涵盖了除《季氏》之外的《论语》十九篇,整理如下:

一、《学而》六条:"学时而时习之,不亦乐乎""人不知而不愠""其为人也孝弟,而好犯上者,鲜矣""传不习乎""学则不固""主忠信无不如己者"。

二、《为政》五条:"六十而耳顺""七十而从心所欲不逾矩""攻乎异端,斯害也已""子张学干禄""揖让而升下而饮"。

三、《八佾》五条:"起予者商也""成事不说""仪封人""谓《武》,尽美矣,未尽善也"。

四、《里仁》三条:"惟仁者能好人能恶人""人之过也,各于其党。观过,斯知仁矣""事君数"。

五、《公冶长》三条:"夫子之言性与天道""未知,焉得仁""斐然成章"。

六、《雍也》一条:"女为君子儒无为小人儒"。

七、《述而》四条:"必也临事而惧,好谋而成者也""富而可求也,虽执鞭之士,吾亦为之""子所雅言,《诗》,《书》,执《礼》,皆雅言也""若圣与仁则吾岂敢"。

八、《泰伯》二条:"荡荡乎,民无能名焉""予有乱臣十人"。

九、《子罕》六条:"子罕言利与命与仁""大哉,孔子博学而无成名""我叩其两端而竭焉""语之而不惰者,其回也与""与衣狐貉者立""未可与适道"。

十、《乡党》五条:"摄齐升堂""复其位""居不容""迅雷风烈""子路共之,三嗅而作"。

十一、《先进》七条:"先进于礼乐野人也,后进于礼乐君子也""皆不及门也""人不闻于其父母昆弟之言""回也,其庶乎!屡空。赐不受命,而货殖焉,亿则屡中""子在,回何敢死""摄乎大国之间""吾与点也"。

十二、《颜渊》三条:"克己复礼为仁""出门如见大宾,使民如承大祭。己所不欲,勿施于人。在邦无怨,在家无怨""片言可以折狱者,其由也与"。

十三、《子路》二条:"君子泰而不骄,小人骄而不泰""刚毅木讷,近仁"。

十四、《宪问》六条:"可以为难矣,仁则吾不知也""人也""夺伯氏骈邑三百,饭疏食,没齿无怨言""古之学者为己,今之学者为人""百官总己""原壤夷俟"。

十五、《卫灵公》四条:"予一以贯之""无为而治者,其舜也与?夫何为哉?恭己正南面而已矣""志士仁人,无求生以害仁,有杀身以成仁""吾犹及史之阙文也。有马者借人乘之,今亡矣夫"。

十六、《阳货》四条:"敏则有功""涅而不缁""可以群"

"患得之"。

十七、《微子》三条："殷有三仁焉""至则行矣""逸民"。

十八、《子张》四条："如之何其拒人也""虽小道，必有可观者焉""君子之道，焉可诬也""吾友张也，为难能也"。

十九、《尧曰》二条："允执其中。四海困穷，天禄永终""不知命，无以为君子也"。

上述《论语补疏》十九篇七十四条，是焦循为补充宋代邢昺的《论语注疏》而作，其特点是重义理而轻考据。如《论语·雍也》"女为君子儒无为小人儒"条，注云："孔曰：'君子为儒，将以明道；小人为儒，则矜其名。'"循按："儒，犹士也。'言必信，行必果，硁硁然小人哉！'小人儒正指此尔。孔注未是。"又如《论语·阳货》"患得之"条，注云："患得之者，患不能得之，楚俗语。"循按："古人文法，有急缓。不显，显也，此缓读也。《公羊传》'如勿与而已矣'，何休注云：'如即不如，齐人语也。'此急读也。以得为不得，犹以如为不如。何氏谓楚俗语，孔子鲁人，何为效楚言也。"这里，已看不到焦循在《毛诗补疏》《尚书补疏》《礼记补疏》等书中详细考证名物制度的那种长篇文字，更多的是通过自己对《论语》的体悟，阐发对圣人思想的理解。这里仅仅就他关于《论语》中的"一以贯之"和"攻乎异端"作一些介绍。

焦循认为伏羲、文王、周公的思想，本来是由《周易》以符号的形式来表达的，所以难为一般人所理解，而《论语》则弥补了这一缺憾，并且作了比较系统与明确的阐发，但是《论语》也有它的缺点，那就是文字简单，给阅读与理解仍带来不少困难，只是经过孟子对《论语》作了通俗而又详细的诠释后，圣人思想才得到了真正意义上的普及。至于《论语》的中心思想，焦循经过十几年的研究，认为就是孔子一再强调的"一以贯之"和"攻乎异端"，而其精华则体现为孔子提倡的"忠恕"思想。对此，焦循在《论语补疏》中作了更为精致的论证和发挥。

孔子强调的"一贯"之说，见于《论语》的《里仁》篇："子曰：'参乎！吾道一以贯之'。"根据曾参的理解，这里所说的"一贯"是孔子的忠恕思想。不过，从汉代以来，对于孔子的"一贯"说，可谓众说纷纭，莫衷一是。魏晋时何晏《论语集解》认为是天下殊途而同归、百虑而一致的意思。皇侃提出以一善之理贯穿万事。宋明理学家又将"一贯"解释为"穷理"与"致良知"的学圣工夫。清代孔广森的《经学卮言》则认为孔子的学生子贡与曾参对"一贯"理解就不同。上述诸家对"一贯"的解释，不能说没有一点理由，但不一定符合孔子的原意。如果根据《论语》所载曾参以"忠恕"解释"一贯"来看，焦循显然是赞同曾参的解释。按照孔子的说法，忠即诚，恕即仁，忠与恕既有其相同的道德功能，又有其各自的行事准则，两者的统一才能真正体现"一以贯之"的精神，所以孔子说"吾道一以贯之"。

孔子强调的"异端"一说，见于《论语》的《为政》篇："子曰：'攻乎异端，斯害也已。'"意思是说，抵制那些不正确的议论，它的祸害也就没有再生的市场。然而关于"异端"的解释，历代不同。何晏认为"小道为异端"，皇侃认为是有别于"五经正典"的"杂书"为异端，宋代邢昺则提出"诸子百家之书"为异端，朱熹指出杨、墨、佛、老之流为异端。然而在孔子时代，还未见形成所谓的"诸子百家"，自然也谈不上诸子的专门书籍，但是当时与孔子思想不完全相同的主张、言论未必没有。至于是否指扬朱、墨子等诸子，也难以判定。宋代学者陆九渊曾经说过："孔子时，佛教未入中国，虽有老子，其说未著，却指那个为异端?"孔广森《经学卮言》说："杨墨之属行于战国，春秋时未有攻之者。"由于孟子曾经批评过杨、墨的"为我""兼爱"等思想，所以朱熹不过是引申了孟子的观点而已。然而焦循却认为"异端者，各为一端，彼此互异。惟执持不能通，则悖，悖则害矣"，这表明焦循所谓的"异端"，是指事物的两端，无论是执哪一端，都可视为异端。如果按照焦循的思路，儒家也仅是两端中的一端，与杨朱、墨子、子莫无异，关键是要将两者贯通，即所谓的"圣人之道，贯乎为我、兼爱、执中者也"。同时焦循将"攻"解释为"治""错"，也就是"切磨"之意；解释"已"为"止"，意思是说互相切磨攻错而不执一，其危害才能自止。唯有如此，才能理解焦循所说的"异端，犹言两端，攻而摩之，以用其中而已"的确切含义。

　　焦循对"一以贯之"与"异端"的新解，是基于他的学术与政治立场。在焦循看来，学术的进步，就在于不应有执己固守、自我封闭的心态，而是应该积极博采古今、融通各家。他以汉代今古文经学的争论举例说，东汉初年，郑兴、陈元传古文《春秋》左氏学，得到尚书令韩歆的支持，并建议刘秀设立《左传》《费氏易》为博士。建武四年（28）正月，刘秀专门召集了公卿、大夫、博士数人聚会于云台，讨论韩歆的提议。当时范升等人因《左氏》没有明确的师承关系为理由，与韩歆、郑淑、陈元等人反复辩难争论，结果虽然以《春秋左传》等古文经典获得了与今文经学一样的官学地位，但是双方各自坚守的古今文界限并没有因为这场今古文之争而消解，各自仍视对方为异端。至于贾逵，他虽然以精通《左传》著称，但是他同样尊重今文，史称他"虽为古学，兼通五家《穀梁》之说"，所以被焦循称为通儒。

不过，焦循在体悟《论语》思想的同时，还往往与《周易》相提并论，认为《论语》与《周易》都是孔子借用来阐发三代圣人思想的载体。如《论语·学而》言"主忠心""为人谋而不忠乎？与朋友交而不信乎？""敬事而信""谨而信""与朋友交，言而有信"等等，焦循认为这些话都与《易传》的"闲邪存诚""忠信以进德"之意相通。又如《论语·卫灵公》言"道不同不相谋"，也与《易传》的"声应气求""贵在同心"之意相合。再如《论语·季氏》载季氏将伐颛臾，孔子责备季路、冉有说："今由与求也，相夫子，远人不服。而不能来也，邦分崩离析而不能守也，而谋动干戈于邦内，吾恐季孙之忧，不在颛臾而在萧墙之内也。"《论语·阳货》阳货对孔子言："怀其宝而迷其邦，可谓仁乎?""好从事而亟失时，可谓知乎?"这些也与《易传》强调治理庶民不可"危以动""惧以语""无交而求"的理论相一致。由于相传《易传》是由孔子编写的，而《论语》则是其弟子对孔子生前言行的记录，所以以《论语》来阐发《易传》思想，又以《易传》来印证《论语》之说，从而可以正确理解孔子的思想。这也许就是焦循《论语补疏》给我们提供的一个重要的治学启示吧。

焦循二十岁时，曾经对自己许下一个的诺言，那就是重新诠释《孟子》一书。在中国历史上，对《孟子》一书进行诠释的工作，始于汉代。如刘向、程曾、赵岐、高诱、郑玄等著名经学家，都曾经为《孟子》作过注释，其中影响最为深远而且流传至今的则是赵岐的《孟子章句》。《孟子》一书，在宋代被尊称为"经"，成为理学家必读的四书之一，《孟子》一书也因此引起了学人的格外重视。一时间理学家如程颢、程颐兄弟，关学代表人物张载，甚至积极推动变法的王安石等学者也都尊奉孟子，从而在中国儒学的演变史上出现了所谓的"孟子升格"运动。南宋时，朱熹为四书作了注释后，包括《孟子》在内的四书成为官方的钦定文本，朱熹《孟子集注》的价值也随之提高，它与赵岐的《孟子章句》并行于世。清初理学已显颓势，对《孟子》的研究也备受冷遇，除了黄宗羲的《孟子师说》外，很少有系统的研究。乾嘉之际，戴震作《孟子字义疏证》，在当时学界引起了不小的震动，该书的主要贡献，则是通过梳理有关理学的一些命题、概念如"理""天道""性"

"才""诚"等，对宋明理学进行了尖锐的抨击。除此之外，对《孟子》一书真正作了系统研究的，要数焦循的《孟子正义》。

《孟子正义》三十卷，焦循以疏解赵岐"章句"为主，同时不墨守唐人强调"疏不破注"的注经原则，博采经史传注，参考了从清初顾炎武、毛奇龄到友人王引之等有关于《孟子》者六十余家。首先编写成《孟子长编》十四帙，然后逐日稽考，殚精竭虑，从嘉庆二十三年十二月起稿，至次年七月完稿。焦循的挚友黄承吉说："此书一出，实可谓义疏、正义之准则，后之作者因其例以发明《礼》《传》诸经，当如百川趋海，汇为千古巨观。"可见，这部看起来是一本以训诂名物为主的皇皇巨著，其价值正在于通过对历史上的"孟子学"研究的深刻反思，使人摆脱因循守旧的思维模式，敢于创新，提出以易学的理论来诠释孟子思想，还孟子的本来面目，使人有耳目一新的感觉。

首先，焦循认为孟子不仅精通《周易》所讲的"通变神化之道"，而且最了解伏羲、文王、周公、孔子的思想。这里所说的"通变神化之道"的"道"，本来是指一定的政治主张或思想体系。如《荀子·不苟》就说过"百王之道，后王是也"，孟子更为明确地说："道不以仁政，不能平治天下。今有仁心仁闻，而民不被其泽。不可法于后世者，不行先王之道也。"然而，孟子在解释"道"为先王遗法的同时，强调"上无道揆也，下无法守也"，赵岐认为这是"言君无道术可以揆度天意，臣无法度可以守职奉命"，这意味着孟子在遵循所谓的先王之道的同时，多多少少体会到运用"道术"来体现所谓的"天意"。焦循之所以认为孟子所理解的"道"，是发明《周易》的通变神化，显然正是基于这样的认识，所以焦循说"孟子称尧、舜，正称其通变神化也"。《周易》所体现的"道"，绝不是现在所理解的客观事物自身运动的规律，而是凌驾于一切客观事物之上的原理。这个"道"，广大悉备，包罗万象。《系辞》说"夫《易》广矣、大矣，以言乎远则不御，以言乎迩则静而正，以言乎天地之间则备矣"，换句话说，《易》不仅可以"弥纶天地之道""知周万物而道济天下"，而且还可以"范围天地之化而不过，曲成万物而不遗"，圣人掌握了这个"道"，并以《易》的形式把它表现出来，配合着神物（蓍龟）加以灵活运用，便能"自天佑之，吉无不利"了。正因为《易》所代表的道是广大悉备，包罗万象，从而成为一个仅存的先天原理，因而任何事物包括人类的伦理关系、政治制度等所表现出的各种形态和源头，也都可追溯到这个"道"。从表面上看，焦循所认识的《易》之"道"，也近似圣人"仰以观于天文，俯以察于地理"而总结出来的规律，这也就是人们往往将它肯定为有一定的唯物主义因素的理由。但问题是《易》并没有摆脱传统天命论的观念。天地万物这些圣人对之有所象征、拟议的对象，在《易》的作者看来不过是"象"而已。而"象"所体现的也仅仅是一种姿态或现象，《系辞》说"天生神物，圣人则之""天垂象，见吉凶，圣人象之"，可见《系辞》所谓的"天"，实际上是前面提到过的"自天佑之，吉无不利"

的"天"，也即传统的"天命"之"天"。所以《易》所体现的"道"，也正是圣人依托天地万物而认识那个神秘的"天"或"天命之神"，而焦循将"通变神化"视为《易》所显示"道"的真正精义所在，从而指出孟子所说的"得道者多助，失道者寡助。寡助之至，亲戚畔之。多助之至，天下顺之"，可以与《易》相发明。

其次，焦循认为《孟子》一书中在讨论了"道"之后，又以易学的理论来诠释人性论思想，即所谓的"感而遂通之性"。孟子的人性论思想，是通过批评告子的人性理论而发的。告子的人性理论是："生之谓性，食色，性也。仁，内也，非外也。义，外也，非内也。"所谓"生之谓性"，是说有生命的东西均有共性——动物性（古人只把动物看作有生命的东西），至于"食色，性也"，则是对"生之谓性"的进一步引申。"性"既是动物的共性，那么作为动物本能的对食物与性生活的需求也就构成了人性的基本内容。换言之，人性的基本内容是满足个人的食色需求，所以人性从根本上说是"为我"的，这就是告子所说的仁内义外。"仁"是指跟"我"的利益密切的思想感情，"内"是指人心固有的；"义"是指跟"我"的利益无关，但被社会所要求的思想感情，"外"是指并非人心所固有，而是由外界所赋予的。这在告子所举的例子中可以得到证明。告子说"吾弟则爱之，秦人之弟则不爱"，这就是"内"，也就是"仁"；对于比自己年长，但并非自己尊长的人加以尊重，那不过是使这些年长的人高兴，对"我"自己并无益处，这就是

"外"，也就是"义"。由此可见，告子的人性理论是一个严密的体系，一环紧扣一环。在上述三点中，只要承认了其中的一点，也就不得不同时承认其他两点。至于孟子，从《告子》篇来看，他除了反对"生之谓性"和对"仁内义外"作了明确的驳斥外，并认为"仁、义、礼、智、信"都是人性固有的，也即"非由外铄我也"（同时孟子还把"仁"解释为"恻隐之心"，与告子所释完全相反），可见孟子对"食色，性也"也持否定态度。然而焦循除了明确指出饮食男女之欲出于性外，还高度赞扬告子为"自造为义外之说，亦当时处士之杰出者"，这表明焦循接受了告子的人性论思想。所以就人性而言，焦循认为人与动物并没有什么不同，男女之间也没有什么不同，对食色的需求都是一样的。

焦循曾借公刘、太王与百姓同欲的故事来论证他对孟子所言仁政、王道的理解。他认为：公刘虽好货，但能从中推知百姓的好货；太王虽好色，但也能从中推知百姓的好色。他们尽力使百姓的欲望得到满足，从而使居者有积仓，行者有裹粮，内无怨女，外无旷夫。他们与百姓同欲，这是他们成为圣王的道理，也是伏羲、黄帝安天下之仁政与王道的基本前提。所以，把孟子在《梁惠王下》中对"好货"与"好色"的评价与跟他的另外一些论述联系起来，就意味着好货、好色等既能成善，也能成恶。由此可知，焦循把食色视为包括饮食男女在内的百姓的共同人性，且认为这样的人性能"引善"也能"引恶"。因此，焦循的人性理论虽然与易学"感通"理论相结合，但它在具体论证过程中更接近告子的人性理论，尽管有表面上仍尊崇孟子，而实际却走向了他的背面。

再次，焦循还认为孟子有关理想人格的思想，来源于《周易》的道德学说"合天地之大人"。《孟子》一书中，凡称"圣人"或"大人"，一般特指那些曾经达到过最高精神境界的理想人格。如所谓"圣人，人伦之至也"，又如"居仁由义，大人之事备矣""大人者，言不必信，行不必果，惟义所在"等。综观这些称呼的内涵或主要标准，不外是完全地践履了人伦道德规范和创造了不朽的社会功德两个方面。不过，从普遍意义上来说，孟子曾将人的品格分"奉事君主""安邦定国""高深学问""变化神通"等四种人的品格，但他赞赏的无疑是列于最后这个能变化神通的大人，即黄帝、尧、舜一类的圣人。所以焦循说："孟子深于《易》，此大人即举《易》之大人而解之也。笃恭而天下平也。惟黄帝、尧、舜通变神化，乃足以当之。"按照《周易》言及"大人"的地方有十二处，如《乾》卦九二爻"见龙在田，利见大人"，如《革》卦九五爻"大人虎变，未占有孚"等。然而焦循所谓的"大人"则专指《乾》卦的"利见大人"。他说："夫孟子所谓大人，即《易》之'利见大人也'。……如羲、农、黄帝、文王、周公、孔子是也。"焦循在这里所描绘具有最高精神境界的理想人格的特征（道德与功业）的"大人"形象，实际上是体现了《易传》的理想人格思想。

儒家学说中的理想人格，主要体现人们在现世社会生活的背景下，以道德实践为根本内容来构建理想人格的。然而焦循所理想中的大人，也是活动于民间，因此从根本上说，焦循在诠释《孟子》有关理想人格的思想时，虽然没有能够翻出孔孟学说本身，但他企图以易学理论来具体论证，可以说是一种可贵的尝试，从而也说明焦循向慕的"大人"，事实上是他终生追求的理想人格。梁启超在《中国近三百年学术史》中说：焦循"注《易》既成，才着手做此书，已经垂老，书才成便死了。……这书虽以训释名物为主，然于书中义理也解得极为简当。里堂于身心之学，固有本原，所以能谈言微中也。总之，此书实在后此新疏家模范作品，价值是永永不朽的"。

综上所说，无论是焦循三释《毛诗》，重评《孔传》，还是崇尚《礼记》，体悟《论语》，质疑《左传》以及重新诠释《孟子》，都已经走出了对古经探索与理解的传统。这种新的理解和探索，为他后来经学思想的形成以及对《周易》的研究，都提供了必要的理论准备。

第 3 章

经 学 信 仰

乾嘉学林，大家辈出，一生致力于经学研究的焦循，他淡泊明志，自甘清贫，以弘扬儒家文化为己任而笔耕不辍，尤其是他所提出的"著述非考据""道在求其通""解经须性灵"的经学理念，颇具时代特色。它不仅凸显出乾嘉之际经学研究向近代转换的一般特征，而且也呈现出焦循经学信仰的多元化品格。

著述非考据

乾嘉时期，由江苏吴地学者开其端、安徽地区学者进一步发展的汉代经学研究，经过 18 世纪中叶的繁荣，并没有给学术本身带来新的发展。恰恰相反，它自身的种种缺点也不断地显露出来，如森严的门户、烦琐的治学方法、狭隘的研究范围、复古的癖好等等。学者在恢复汉代经学的旗帜下，日益钻"牛角尖"，脱离现实，整天埋头于浩如烟海的古书之中，考证它的每一字，每一句话，希望能在这些零星片断的记载中，来找出汉代经师们解释经典的奥秘。这样一来，经书中原来十分简单的客观事实，最后却成为作者的主观性描述和揣测，混淆了著述与考据的界限，导致了考据代替了经学研究的学术格局，从而受到了来自社会各方面的批评。汉学的弊端，也引发了思想敏锐的焦循的思考。

乾隆六十年（1795），焦循给友人孙星衍写了一封信，信中就怎样理解著述与考据的关系问题交换了意见，同时批评了袁枚视著述优于考据的错误看法。孙星衍（1753～1818），字伯渊，一字渊如，号季逑，江苏阳湖人。幼有异禀，书过目成诵。未弱冠，补诸生。与同乡杨芳灿、洪亮吉、黄景仁齐名。孙星衍的学术研究是多方面的，除了主攻经史、文学、音韵之学外，对诸子百家、金石碑版等也有精深的研究。乾隆五十二年考中进士，授编修，充三通馆校理。嘉庆十六年（1811）因病辞官，从事于教书、校书和刻书。分别主持过诂经精舍、钟山书院，著作有《尚书今古文注疏》《周易集解》《问字堂文稿》《岱南阁文稿》等。袁枚曾经非常赞赏孙星衍的诗才，认为当时"天下清才多，奇才少。渊如天下奇才也"，于是与孙星衍结为忘年之交。同时，袁枚以长辈的身份，劝告孙星衍不要将主要精力消耗于考据之学。认为古文与考据的差别，前者属形而上之学，不需要读很多书，后者属形而下之学，其特点是读书非博不能详。如果按"形而上者谓之道，形而下者谓之器"的区分，那么古文是"道"，考据是"器"。如果以价值来衡量，那么古文是"作"，考据是"述"，古文的价值高于考据。

对此，袁枚还进一步就"著作"与"考据"的关系谈了四点意见：一、著作是一种开创造性的工作，考据则是一种因循性的工作；二、著作是一种思维创造，而考据则停留在核实材料层面；三、著作是一种脑力劳动，考据则是一种劳力劳动，所以著作优于考据；四、先有著作，然而才有考据。六经是原创性著作，考据则是汉代以后出现的解经之书，是再生的，著作高于考据。对于袁枚的这些论述，孙星衍复信予以驳斥。在孙星衍看来，著作与考据并没有本质上的差异，古人的著作，也就是古人的考据，因此今人所作考据必然超越古人所撰的著作。他认为历史上的任何一家之学，都来自同一渊源，之所以成为渊源，那就是不断地对它进行再解释的工作，而这种再解释的工作实际上就是考据工作。面对孙星衍的质疑，袁枚于是复信表示，如果再为考据一字而争论者，请各自罚清酒三升，宣布结束他与孙星衍关于著作与考据的争论。不过，当时对袁枚此论不满的还有浙东学者章学诚。章学诚（1738～1801），字实斋，会稽（今浙江绍兴）人，乾隆进士。曾官国子监典籍，主讲定州定武、保定莲池、归德文正等书院。后来入湖广总督毕沅幕府，协助编纂《续资治通鉴》等书。曾经提出"六经皆史"之说，主张治经以考证史料和发挥义理相结合，将治经引向治史，反映了他企图解脱旧经学传统束缚的学术趋向。他认为古人讨论学问或写作，目的都是明道，没有所谓的考据与古文的区别。学问与文章，都是形下之器。如果以古文为道，以考据为器，是对学问的一种错误理解。所以章学诚与孙星衍一样，指责袁枚由于不能区分形上与形下、道与器，以至将古文视为形上，从而误以古文为道，以考据为器。同时，章学诚不同意孙星衍将著作与考据合一的观点，而是对考据本身作了尖锐的批评。

焦循与章学诚又不同，他对孙星衍、袁枚、章学诚就考据的争论都持否定态度，他一方面批评袁枚学识的肤浅，另一方面也不同意孙星衍的考据即著作的分析。在焦循看来，袁枚不仅将著作局限于"诗料策料"，而且还将著作限制在"抒写性灵"一途，而抒写性灵也仅仅是文学创作诸多样式中的一种，这不仅混淆了著作与文学创作的区分，也混淆了经学与文学的区分。虽然经学与文学在一定程度上都可以认为是"学"，但是也有正学与杂学的区别。经学是源，文学是流。经学与文学的关系是体与用、本与末的关系，所以焦循认为袁枚对著作与考据关系的分析缺乏合理性，是一种无稽之谈。同样，焦循虽然同意孙星衍的道器之辨，但是对于孙星衍不加区别地视著作为考据也表示异议，即认为孙星衍所强调的"古人著作，即其考据"，纯属没有深加思考的结论。

焦循所持的上述观点，主要来自他不满意乾嘉之际考据学家拘泥于"唯汉是求"的学风。焦循认为，考据学家之所以崇尚"考据"或"汉学"，那是因为他们都认为汉代学者能够比较准确地复述孔子的思想，错误地认为理解了汉代学者的思想就是把握了孔子的思想，所以他批评以惠栋、张惠言为代表的汉学家，指出他们的共同缺点在于一味地相信汉代经学，研究的范围始终停在汉代经传文字的注释和考证，对经书原理的检索缺乏创造性而不能形成一个自己的体系，这是汉学家对理论兴趣淡薄、埋头于文字器物考证的必然结果。正是基于对考据学的这种批评，焦循认为真正的研究经学，就是实证与贯通的结合。

道在求其通

"实证"与"贯通"，是焦循研究经学的指导思想。乾嘉以来的经学研究，虽然有吴、皖之分——前者以继承汉人经说为主，汇集和整理汉儒解说，疏通证明，旁及史学和文学，"凡古必真，凡汉皆是"是其特征；后者则以文字学为基础，从训诂、音韵、典章制度来阐明经书大义和哲理，长于考据而敢于突破汉人经说，创获新意——但两派同样不读汉代以后的书，在主张复古这一点上，两派是一致的。虽然这种实证学风，有利于纠正宋明理学家空谈天道和性命、歪曲经文原义的读经方式，但是过分重视字音、字义、名物、制度、版本的考证，很少有经书意义的探讨，就不可避免地将经学研究引向狭窄的方向，最终流于纤巧与琐碎。焦循认为研究经学的目的，是发挥圣人思想，即"道在求其通"。那么怎样来做到这一点呢？

首先，焦循认为经学研究表现为对经文的"实测"。如他在研究《周易》时就提出"以测天之法测《易》"，他发明的旁通、相错和时行三种方法，实际上是他以"实测"之学研究易学的三个重要步骤。对此，有的学者认为焦循正确地说明了理论与实践、间接知识与直接知识的关系。前人的著作、理论，是前人在实践中得来的知识，这些知识对作者来说是直接的知识，而对于学者来说则是间接的知识。由于前人的知识是前人实践经验的概括和总结，对于学者来说，如不联系实际来学习，不把这些理论放到所处时代的背景下去加以审察，是不容易理解它们的，只有以实测之，才能体会它们，理解它们，才能变前人之知为己之知。其中除了表明焦循对"真知"的渴求之外，其目的是希望经学研究与实测之学的贯通。

其次，焦循认为探索圣人的思想，还应该在经文实测贯通的基础上继往开来，有所新的发展和突破，从而提出"圣人之学，以日新为要"的思想。自汉代以来，历代儒家学者对圣贤经书的研究和诠释，可谓汗牛充栋，而且名目繁多，基本上都遵循孔子提倡"述而不作"的原则。焦循认为虽然学者对圣贤之道的诠释自名为"述"，但是往往是按照个人的意愿来理解圣贤之道的，实际上作与述已经没有多少差别了。由于时代不同，所以他们的诠释也就自觉或不自觉地带上时代的痕迹而呈现出各自的特点，而这些特点也给圣贤之道注入了新的内涵。

在焦循看来，必须要用历史与辩证的观点来准确理解、把握前人对圣贤之道的解释，反对一家之说。因为每一种思想学说，都是时代的产物，不仅需要考察对象本身的演变过程，而且还要求与对象所处的特定历史背景相联系并加以考察发展。这种深化了的历史辩证方法，实际上也包含了这样一种思想，即孔孟学说作为一种思想典范，可以研究探讨，但不必盲目崇拜，所谓"凡立一言，必反复引申，不执于一，令学者参悟自得"。"反复引申"的过程，其实也是一个实证的过程，在实证的基础上"不执于一"，富有创见，才使圣贤之学"日新而不已"，展示出时代的新貌，这才是孔子所提倡"述而不作"的意义。为了达到这样的一种境界，焦循又强调经学研究的关键是"贯通"。

"通"，是焦循使用最为频繁的一个词。如"旁通""类通""变通""情通""通核""贯通"等，它们各自都代表特定的意义。这里所说的"贯通"，是焦循在强调经学研究"实测而知"的基础上，进一步融合各家而锻铸的新说。他在《辨学》一文中，曾列举了乾嘉经学研究的五种代表性特征：一是"通核"，二是"据守"，三是"校雠"，四是"摭拾"，五是"丛缀"。在这五种特征中，"校雠"亦即是我们今天所说的校勘，它是经学研究中的专门之学。焦循认为它的缺点是"不求其端，任情删易，往往改者之误，失其本真"。"摭拾"和"丛缀"，是经学研究中归属资料汇集、辑佚，也包括自己的心得体会。焦循则认为它们的缺点分别是"功力至繁，取资甚便，不知鉴别，以赝为真"和"不顾全文，信此屈彼，故集义所生，非由义袭，道听途说"，因此不能称为真正的学问。至于"据守"，焦循又认为它的特点是"信古最深，谓传注之方坚确不易，不求于心，固守其说，一字句不敢议，绝浮游之空论，卫古学之遗传"。它的缺点是"局蹐狭隘，曲为之原，守古人之言，而失古人之心"。显然这是针对当时唯汉是尊的考据派而发，因为他曾批评考据家"唯汉是求，而不求其是。于是拘于传注，往往扞格经文"。所以"据守"也不为焦循所取，理想的经学研究方式便是"通核"。

经学研究着眼于全经前后是否贯通，通过对局部与某些细节上文字名物的考证，参考各种现有成果，得出己见，这是

"通核"的优点。然而"自师成见""高明太过",容易再蹈宋儒空论心性的覆辙,这是通核的弊端。为了扬长避短,还应"汇而通之""析而辨之""融会经之全文,以求经之义,不为传注所拘牵",只有这样,才能领悟圣贤经书的精义所在。

经学研究重在疏通证明,这本来是从事考证学者的治学传统。如清初著名考据学家阎若璩就认为"事之真者,无往而不得其贯通;事之赝者,无往而不多所抵牾",根据经书前后是否贯通,确定其内容和观点的真伪。乾嘉之际,戴震提出"溯流知源""循根达杪""寻求端绪""俾归条贯",经过精密的分析与综合、演绎与归纳的过程以达到"思之贯通",从而明辨是非。而焦循的贯通,则侧重于汇通百家,对不同的学术流派兼容并蓄,并以自己对经书的感悟来体验圣人之道,概括地说就是"道在求其通"。正是在这样的基础上,焦循又提出了"解经须性灵"的经学理念。

解经须性灵

焦循虽然为经学正名,强调经学研究实证与贯通并重,但是他不认为这已经把握了圣贤立言的脉络。相反,要寻求"立身经世之法",还必须在博览众说的基础上提出自己的真知灼见。用他自己的话说,就是解经须性灵。这是焦循继"著述与考据""道在求其通"之后,提出的又一个重要经学理念。

"性灵"一词,其本义是指人的性情。《宋书·颜延之传》:"含生之氓,同祖一气,等级相倾,遂成差品,遂使业习移其天职，世服没其性灵。"《颜氏家训·文章》："夫文章者，……至于陶冶性灵，从容讽谏，入其滋味，亦乐事也。""性灵"作为一种文学理论的出现，则是在晚明，文坛公安派的主要代表人物袁宏道提倡诗歌创作应该"独抒性灵，不拘俗套"。乾嘉之际，袁枚同样以"抒写性灵"相号召，反对正统的文学观念，挣脱儒家传统诗教的束缚，蔑视六经、孔、孟等的一切古训，表现出强烈的自我，在乾嘉文坛迅速刮起了一股"性灵"的旋风。焦循与袁宏道、袁枚等性灵派诗人不同，他提倡"性灵"，是指经学研究在"博览众说"的基础上提出个人的创见，表达自己的思想，目的是阐发六经的意义和发展孔孟学说。在焦循看来，研究圣人的经书，不仅应该"日新而已"，而且更应该"以日新为要"。"日新为要"就不能停留在片言只语的烦琐考证，也不可津津乐道于"口耳剽窃"，更不应满足于"原无心得"的人云亦云。至于如何来体现自己的"性灵"（创见），焦循提出"天下知觉自我始"的解释经书的理想。

所谓"知觉"，是指能够最直接、最亲切、最明显地意识到的东西，它体现在各个层面：从认识方面讲有感觉、回忆、想象、判断和推理等；从情感方面说有快乐和痛苦、爱和恨、情趣和欲望等；从意愿方面考虑则有意志、决断等。而"自我的知觉"，则包括个人的所有意识和主要的观点。焦循的"知觉自我始"近似后者，就是根据个人的意识与观点去体察、理解圣贤经书。他认为经学研究不外乎"明事"与"明意"二端，"明事"与"明意"，用现代的话来说，就是"材料"和"观点"，而焦循所谓的"意"，一般指个人的"知觉"（观点）

而言，如他经常强调的"好学深思，心知其意"。换言之，经学研究不应为已成定论的传统解释所束缚，而应凭借自己的想象、判断，依靠"心"去领会、发挥圣贤作经书的意图和观点。

既然对圣贤经书的体悟是出自性灵，那么一个人的著述无论是"千卷之多"或者是"一言之少"，都是经过"推求远思"的结果，追求的是"通乎天下之志"的境界。要达到这样的一种境界，就应该学与用相结合，于是焦循积极主张研究经学还应该汲取先秦诸子的学术思想。在中国古代，自汉代汉武帝"罢黜百家，独尊儒术"以后，经学便成为中国古代儒家正统思想的主要表现形式，并支配着古代社会上层建筑的各个部分，无论是哲学与史学，还是文学与宗教，走的也都是"文以明道""诗正得失"为经学所左右的同一条路。经学作为官方哲学，主导了传统文化的各个层面，因此人们研究经学，总是将先秦诸子排除在经学之外。其实，这是一种误解。因为六经与诸子都出现在一个相同的时代，两者之间既有相对的独立性，也有互相之间的包容性。独立性是指诸子在阐发自己思想时有别于六经的要义，包容性则指诸子的思想仍不可避免地汲取六经的要义。独立与包容是相辅相成的关系，如《墨子》可称《墨经》，《老子》可称《道德经》，《离骚》又称《离骚经》，《汉书·艺文志》还载有《老子邻氏经传》《老子傅氏经说》《老子徐氏经说》等。唐代魏徵在《隋书·经籍志序》中称"诸子为经籍之鼓吹"，所谓"鼓吹"，用现在的话来说就是宣扬和光大的意思，所以陆德明在《经典释文序录》中，将《老子》《庄子》置于儒家经典之中。清代学者汪中曾说过

"荀卿之学出于孔氏，而尤有功于诸经"，这说明焦循之所以提出"九流诸子，各有所长"，显然是受到了汪中思想的影响。同时表明，焦循的"求道在其通""解经须性灵"，实际上是在提倡经学研究应该汲取先秦诸子的思想。

焦循的这一经学思想是非常深刻的。自清初以来，研究经学的目的，是彰显儒家的经世致用精神。顾炎武、黄宗羲、王夫之、方以智、傅山等学者都程度不等地提出类似的主张。因此，经学研究不只局限于探求经典的原始意义，而是发掘经典中包括人伦日用在内的经时济世的意义。然而这股经世思潮，在康熙到乾嘉时代的历史回流中出现了逆转，学者的经世意识普遍淡薄，章太炎指出其表现为"家有知慧，大凑于说经"，经典考据成为经学研究的单一形式。考据家在"实事求是"的旗帜下进行的经学研究，主要是弄清材料的本来面貌，以及把零散的或亡佚的材料系统化。他们的研究方法，是对所研究的课题，广泛地搜寻材料，每事必穷根源，所言必求依据，讲究旁参互证，解决逻辑矛盾，反对孤证立说。甚至连学者中最重视"自得之义理"的戴震也反对以个人的主观意见灵活地解释经书，所以学者偶尔的一点思想火花也常常被淹没在所谓的全面考察的客观性描述之中。另一方面，嘉庆年间，清王朝衰象已现，时势在变，学风亦随之而变，热衷于"讥切时政"的今文经学异军突起，会通汉、宋学术的呼声渐高，汉学考据已成明日黄花。因此，焦循提出"道在求其通""解经须性灵"的命题，既有他企图重新塑造儒学传统的努力，也有他企图总结乾嘉汉学的学术指向。

第 4 章

加减乘除

　　焦循对中国传统算学产生浓厚的兴趣，是在他的早年，那时他仅十二三岁。他在阅读了一些关于历史、地理、天文、算术一类的书籍后，就曾明确立下研究史地、算学的志向。乾隆五十二年（1787），焦循在扬州寿氏鹤立堂担任家庭教师，因得挚友顾超宗相赠《梅氏丛书》，于是致力于算学研究。这一时期，焦循先后编写了《释弧》三卷、《释轮》二卷、《释椭》一卷、《加减乘除释》八卷、《天元一释》二卷，以上五种，后来合刻为《里堂学算记》。乾隆六十年焦循阅读了梅文鼎的《弧三角举要》《环中黍尺》以及戴震的《勾股割圜记》等书籍，于是编写了三卷本的《释弧》，讨论了三角八线的产生和球面三角形的解法。嘉庆元年（1796），焦循在研究球面三角的基础上，认为弧线的产生，缘于诸轮，轮径相交，才能形成各种球面三角形，于是又编写了《释轮》二卷，上卷阐明诸轮异同，下卷解释弧线的变化，论证丹麦天文学家第谷（Tycho Brahe，1546~1601）天文学理论中的本轮、次轮的几何原理。同年，焦循因康熙的甲子历所用诸轮法，而雍正的癸卯历则用椭圆法，椭圆法较诸轮法更为先进，又编写了《释椭》一卷，论述了意大利天文学家卡西尼（Giovanni Domenico Cassini，1625~1712）天文学理论中椭圆的几何原理。

上述著作，基本上以总结当时天文学中的数学基础知识。然而焦循在古代算学研究方面所作出突出贡献的，就是他编写的《加减乘除释》。

《加减乘除释》，焦循草创于乾隆五十九年（1794），后来应阮元之邀去了山东而一度中断，历经五年，于嘉庆三年（1798）完成。该书的宗旨，即以"加减乘除为纲，以九章分注而辨明之"。全书共八卷：第一、五两卷主要论述数的加减运算规则；第二卷主要论述二项式的乘方运算；第三卷主要论述数的乘除运算规则；第四、六卷主要论述分数的性质及其运算规则；第七卷主要论述各类比例问题；第八卷主要论述加减乘除四则运算规则。全书共列出九十三条运算规则，每一条即相当于现代数学中的一条定理或公式，探讨与总结了中国古代数学的运算规律与理论，开创了借用甲、乙、丙、丁等（相当于今天使用的 a，b，c，d 等字母）天干文字来表达运算定律符号的先例，并且对传统的运算法则作了详细的阐明，现摘要如下：

第一，加法交换法则。

焦循说："以甲加乙，或乙加甲，其和数等。"据此，用现在的运算符号来表示即：

$$a+b=b+a$$

第二，加法结合法则。

焦循说："先以甲乙相加，后加以丙；或先以乙丙相加，后加以甲；或先以甲丙相加，后加以乙，其得数皆同。"据此，用现在的运算符号来表示即：

$$(a+b)+c=(b+c)+a=(a+c)+b$$

第三，乘法交换法则。

焦循说："以甲乘乙，犹之以乙乘甲也。"据此，用现在的运算符号表示即：

$$a×b=b×a$$

第四，乘法结合法则。

焦循说："三数相乘为连乘，或先以甲乘乙，连以丙乘之；或先以丙乘乙，连以甲乘之；或先以甲乘丙，连以乙乘之，其得数皆等。"据此，用现在的运算符号表示即：

$$(ab)c=(bc)a=(ca)b$$

第五，加法对乘法的分配法则。

焦循说："以甲中分之，各乘以乙，合之如甲乙相乘；甲盈朒分之，各乘以乙，合之其数等。"据此，用现在的运算符号表示即：

$$(a+b)c=(ac+bc)$$

第六，焦循说："减乙于甲而加丙，则甲少一丙乙之差。减丙于甲而加乙，则甲多一丙乙之差。"据此，用现在的运算符号表示即：

$$(a-b)+c=a-(b-c)，(a-c)+b=a+(b-c)$$

第七，焦循说："若乙丙之差如甲乙之差，则以乙加乙，以丙加甲，或以乙减甲，以丙减乙，其差皆平。"据此，用现在的运算符号表示即：

$$(b+b)-(a+c)=0，(a-b)-(b-c)=0$$

第八，焦循说："甲自乘，乙自乘，又甲乙互乘而倍之，其数等。"据此，用现在的运算符号表示即：

$$(a+b)(a+b)=aa+ab+ba+bb=a^2+2ab+b^2$$

第九，焦循说："以甲自乘再乘，以乙自乘再乘，又以乙乘甲幂，以甲乘乙幂，各三之，其数等。"据此，用现在的运算符号来表示即：

$$(a+b)^3=a^3+3a^2b+3ab^2+b^3$$

第十，焦循说："以甲除乙，以丙乘之得丁，丁之于丙，犹乙之于甲。"据此，用现在运算符号来表示即：

$$(b\div a)\times c=d \qquad d\div c=b\div a$$

上述十例，可以说焦循的《加减乘除释》是在研究吸收了前人数学成果的基础上所作出的开创性研究成果，阮元称赞他的成就已超越了当时最具权威的陈厚耀。陈厚耀是江苏泰州人，生于顺治五年（1648），康熙四十五年（1706）考取进士，因通晓历法，由大臣李光地向康熙皇帝推荐，并得到康熙的召见，他是当时第一流的数学家，康熙皇帝对陈厚耀的数学成就深为赏识。根据史书记载，在顺治、康熙年间，有一位数学家叫梅文鼎，他的孙子梅珏成也是康熙时期的著名数学家。一次，康熙指着陈厚耀对梅珏成说："你的爷爷（梅文鼎）曾是他的老师，但如果今天你的爷爷还在世的话，可能有问题就要问他了。"意思是讲陈厚耀的成就已经超越了前人。可见，阮元对焦循数学研究的评价之高。

然而，《加减乘除释》不仅在传统数学研究领域有新的突破，而且在中国数学思想史上也有重大建树。综观全书，焦循的数学思想主要表现在以下三个方面：理本自然、名后法先、数先形后。

理本自然

焦循"理本自然"的数学思想，集中体现在所著《加减乘除释》一书中。所谓"理本自然"，即指焦循在《加减乘除释自序》中提出的"理者何，加减乘除四者之错综变化也"。因此"理本自然"，专针对数学中加减乘除运算的基本法则而言。焦循在给友人汪晋蕃的一封信中，曾说他编写《加减乘除释》一书的动机是把过去认为错综复杂的数学理论加以条理化。不过，这种将数学中的自然之数看成自然之理，并不是焦循的创见。宋元间著名数学家李冶（1192~1279）在《测圆海镜》一书中就说过："苟能推自然之理，以明自然之数，则虽远而乾端坤倪，幽而神情鬼状，未有不合者矣。"钱宝琮先生认为，李冶正确地指出了"数"是客观存在的反映。在许多错综复杂的现象中，自有"昭昭者存"，这里所谓的"昭昭者"，就是自然之数，而它正是自然之理的反映。它是可"穷"的，而不是不可"穷"的；是可知的，而不是不可知的。同时正因为它是自然之理，所以只能按着它的本来面目去推演而不能"以力强穷"。然而焦循所谓的"理"，除了数学运算的法则之外，还具有特定的含义和对象，那就是盈朒和较之理。所谓"盈朒"，是指古代《九章算术》中第七章的"盈不足术"（"双设法"），它所列二十个题目都是为运用"盈不足术"而编制的。这种"盈不足术"是从大量应用问题的计算中提炼出来的数学模型，属于一种数学计算方法。它任意假设一个答数，依照题示的条件演算，算出来的结果，和题中表示这个结果的已知数字比较，或是有余，或是不足，又通过两次假设，分别演算盈余和不足的数量，任何一种算术问题都可改造成为盈亏类问题，并按照"盈不足术"都能求出准确的答案。

"和较"一名，是由梅文鼎出自对方程的认识而提出的。梅文鼎将代数中的"方程"分为"和数方程""较数方程""和较杂方程""和较交变方程"四种。在中国传统数学著作中，除了刘徽的《九章算术注》之外，对数学名词的称谓，一般是约定俗成，不作任何解释。梅文鼎之所以将"方程"分为四种，事实上是有鉴于当时程大位的《算法统宗》、李之藻的《同文算指》、吴敬的《九章比类算法大全》和李长茂的《算海说详》等书中对方程的错误理解，如两方程式相减时出现负数的问题、两方程式相加减时所遵循的正负数运算法则以及消元过程中如何使用加减法问题等。然而梅文鼎的愿望虽然不错，但是效果并不理想，他提出的方程四种分类法，颇遭后人批评。如焦循就认为这是梅文鼎的一种暂时的假设，而不是方程的本来形式。在焦循看来，"和"就是古代所称的"较"，"较"就是古代所称的"差"，两数相加为和，两数相减为差，归根结底还是一个加减问题。因此，盈朒和较之理，也就是加减之理，这与数学名称不发生直接联系。至于如何来揭示这个自然之理，焦循则以甲、乙、丙、丁等天干文字来表示，这在当时数学研究领域是一项创举。

在中国传统的数学理论中，一个重要的理论特征就是"寓理于算"，讲究算法的确定和推演，以追求实用为其目的。在古代重"法"轻"理"的观念支配下，算理每每蕴含于演算的步骤之中，起到"不言而喻，不证自明"的作用。如《周髀算经》中记有商高谓"智出于勾，勾出于矩。夫矩之于数，其裁制万物，唯所为耳"的论说，展现了由经验的演算活动转为思维的理论认识。后来刘徽等数学家又提出"不有明据，辩之难斯"，并将说理与求证贯穿于古代数学经典的注释之中。又如产生于中世纪的"大衍求一术"，它所需解决的是复杂的一次同余式组问题，而依照孙子剩余定理所给出的求解步骤具有明显的构造性，使得这一解法所依据的原理和设计的构思，脉络清晰地体现在其算法程序中，让人感到自然而信服。此外，算学经典中篇目的划分、题序的安排，一般也都或多或少地体现出其理论归属或内在的逻辑联系。如《海岛》九问由简到繁的编排，反映了重差诸术"类推衍化"的造术发展过程；《九章算术》商功章的求积公式采取柱、锥、台体的方、圆对比的编排，暗示出这些公式的类似性是通过截面原理推导的结果。因此，焦循的"理本自然"与"以算求理"，实可视为中国传统数学"寓理于算"思想的进一步发展。

以数为用，也是儒家经世致用思想在数学领域中的反映。刘徽在注释《九章算术》时就认为数学不仅是宇宙的常规、众生的元首，而且还是观察自然、生命和智慧发展变化的征兆，更是探求道德原理和生命的一般规律。唐代王孝通在《上〈辑古算经〉表》中也指出数学与《诗》《书》《礼》《易》《乐》《春秋》有着相辅相成的密切关系，而且还具有君王教化百姓、筹划政事、追本溯源的功能。宋代以后，随着理学的兴起，儒家的经世致用传统被性命之学所取代，一切判断是非的标准无不深深地打上理学的印记。康熙时御纂的《数理精蕴》，在卷首揭出"河图""洛书"，以见数学的本源，这也正是明末清初尊崇宋明理学在数学研究领域中的体现。乾嘉之际，儒经研究蔚然成风，对传统数学的发掘与研究也再度形成高潮。戴震对《算经十书》的校辑整理，启迪了后来汪莱、李锐等学者对传统算学的研究。数学成为学者研究儒家经典不可缺少的一门主课和学界的一种时髦风尚。如以孤傲自负著称的汪中，对自己不能"明九九之术"而追悔不已，力劝江藩致力于数学研究；焦循的友人徐复为了潜心研究数学，不惜在参加科举考试时当场交白卷。因此，作为经学家的焦循，他提出的"理本自然"

"以算求理"的数学思想，正是整个乾嘉学术氛围中的具体表现。

名后法先

鉴于中国传统数学"论法者居多，言理者绝少"的缺陷，焦循在"理本自然"的基础上，焦循提出了"名起于立法之后，理存于立法之先"的著名理论，试图从逻辑与哲学的理论上来弥补中国传统数学的这个缺陷。在中国古代逻辑史上，"名"兼有多种含义，如公孙龙在《名实论》中明确界定"名"是用来谓"实"的，而这个"实"通常被指定为研究的客观事物。又如《墨经》"以名举实""告以文名，举彼实故也"。"以名举实"不是停留在事物的表面，而是要求深入事物的本质。荀子则认为"名也者，所以期累实也"。期，会也。累，众多。累实就是指许多事物。所以"名"就是对许多事物的概括反映。"法"指法则、法度、规章。如《周礼·天官·小宰》："以法掌祭祀、朝觐、会同、宾客之戒具。"这里的法是指礼法。不过，焦循所说的"法"，是指数学中的计算方法，"名"是指数学概念，"理"是上面所说的加减乘除的运算规则。因此"名起于立法之后"，也就是数学的概念不能因事立名，即不能根据研究的具体问题来确定，而应根据解题时所用的方法来立名；而"理存于立法之先"，则表示数学的原理是客观存在的，先于解题方法。换言之，一切数学概念，都产生于数学的运算规律。数学中的一些基本概念往往由一个可操作的算法推导而出，这也正是中国古代数学中的一个主要特征。显然，焦循对名与法的理解，正是对传统数学思想的继承和发展，诚如他指出的那样："考诸算经，于乘不言法实，于除乃云'实如法而一'。盖乘法可以相通，故实与法之名不必立，除法不容倒置，故实与法必严以为限也。"这说明"实"与"法"终究取决于算法的性质。这样，"名""理""法"也就构成了焦循的逻辑思维。

乾嘉之际，任何学术研究都是以服务于传统经学为其宗旨的。因此焦循上述逻辑思维，与西方数学纯理念的精神活动有着明显的差异，那就是它具有较为浓厚的人文色彩。如焦循曾将刘徽的《九章算术注》比于许慎的《说文解字》。《说文解字》是乾嘉时期学者研究儒家经典的一门主课。清初儒者顾炎武曾倡导"读九经自考文始，考文自知音始"的经典研究方法。乾嘉时期戴震重申"六书"为治经之本，戴震的弟子、著名经学家段玉裁对《说文解字》的孜孜求索，其研究成果《说文解字注》被后人誉为"段学"。焦循将《九章算术注》比于《说文解字》，实际上是看到数学所体现的逻辑思维同样适用于经学研究。比如他将甲乙丙丁这类抽象的数学符号用于周易学研究，却赋予了新的内涵，从而将《周易》的象数体系转化为一个具有数学符号化意义的逻辑演绎体系。

《周易》的主要组成部分，是所谓的卦辞和爻辞，其中常见的概念是用来判断事物的吉、咎、悔、吝、凶等。吉中又分为大吉、小吉、小事吉、元吉、贞吉、小贞吉、夙吉、吉亨等；咎又有无咎、无大咎、终无咎等；悔有无悔、有悔、小有悔等；吝有贞吝、小吝等；凶则分大贞凶、贞凶、终凶、见凶、起凶等。所有这些词语表达的概念，都有其自身所包含的特定意义。如吉不能为非吉，大吉不能为小吉。在吉中并不包含非吉的因素，不是吉与非吉的同一。又如《系辞》中说"一阴一阳之谓道""一阖一辟谓之变""日月运行，一寒一暑"，这些也都遵循形式逻辑的同一律。如阴阳的结合才是"道"，其中缺少一阴或一阳，都不能成为其"道"。同样的道理，只有"一寒一暑"才能构成日月的"运行"，单是寒或暑，则无法构成日月的运行；门的"一开一阖"才构成"变"，没有关和合，变化就无法产生。可以说，《周易》中所蕴含的这种逻辑思维的判断与推理，是被焦循发现的。

焦循的易学研究发悟于算学，以数理沟通《易》理，并从两者的联系中进一步探索易学的意义，已如上述。然而他的名法思想，却另有其学术渊源。明末清初，随着原始儒学的复兴，已成绝学的先秦名、墨逻辑学也得到了重新发掘，方以智、顾炎武、王夫之等学者不仅研究儒学，而且他们在总结古代科学中，在经学、音韵学等考证中，在关于古代哲学的总结思考中，也各自总结出许多具有逻辑意义的研究方法。特别是由西方传教士带来的西欧科学文化，通过徐光启翻译的《几何原本》和李之藻翻译的《名理探》，古希腊的欧几里得几何学与亚里士多德的逻辑学被介绍到中国，这些都被当时的学者所汲取。乾嘉时期，一方面诸子学兴起，长期被忽视的荀、墨、名诸家的著作陆续被刊刻和重视。自秦以来，被历代正统派视为异端的墨子，特别是《墨经》及其中的《大取》《小取》，这时得以展开真正科学历史的研究和整理，从而发展了其科学思想。如汪中的《荀卿子通论》和《墨子后序》、张惠言的《墨子经说解》、毕沅的《墨子注》、王念孙的《读墨子杂志》等，章学诚对修辞与说理的意见，也都涉及逻辑问题。一方面以《几何原本》《名理探》为代表的西学也成为学者关注的焦点。适逢其时的焦循，不能不同时受到来自两方面的影响。如果说他的名法思想乃囿于传统逻辑思维的话，那么他由此而提出的"数先形后"的思想，则明显烙有西学的印记。

数先形后

"数在形先"是焦循的又一个重要的数学思想。如何理解数学中的数与形，他在《加减乘除释》中作了详尽的诠释。焦循认为，数学总体上可以分为数与形二种形式。他把加减乘除作为研究数的基础，而形只是数具体运算的最终形式。换言之，数通过对形的分析和推证来实现化形为数、以数论形。在中国古代数学中，借形论数与寓理于算一样，也是其主要特征之一。借形论数是指借助于对几何图形的直观分析来推证数量关系的一种思想方法。如赵爽用勾股圆方图及若干勾股恒等式所作的论说；刘徽借助于面积和体积的图解对开平方的说明，运用割补法对整勾股数公式的论证；祖暅利用八公之一牟合方盖对球体积公式的阐说；梅文鼎借鳖臑而论球面三角形的边角关系；明安图创割圆密率捷法，运用几何方法对初等函数级数展开式的研究；董祐诚作《割圆连比例图解》，对正弦、正矢与弧度间的依存关系的阐明；以及李善兰创立尖锥术，利用尖锥面这一几何模型来处理代数问题；等等。当然，除了借形论数外，还有借数论形的。比如比率算法、高次方程数值解法、天元术等在几何领域中的广泛应用都是借数论形的表现。典型的例子还有刘徽的重差理论，王孝通用三、四次方程求解立方体积问题，李冶用天元术解决"勾股容圆"的几何问题，等等。中国古代的图形研究表现为数量的计算，它以长度、面积和体积等度量为主要对象，而一般不注重图形性质与位置关系的研究，古代几何学甚至不讨论角的性质与度量。几何对象的度量化，使古典算学"以算为主"的特点得以充分体现；而形与数的结合突出表现为几何方法与代数方法的相互渗透。因此无论是"借形论数"抑或"借数论形"，数与形都是相辅相成、互相联系的。焦循从加减乘除的理论出发，提出"数先形后"，一方面将几何的原理与方法纳入至算术中去，另一方面强调数渊源于形，从而完成形与数的有机结合。

　　焦循"数先形后"的思想的提出，既有他对中国传统数学的深刻理解，也有对西方数学的反思和汲取。与中国传统数学一样，以《几何原本》为代表的西方数学也成为乾嘉学者研读的对象。焦循也阅读过《几何原本》，如他认为"西人萨几里得《几何原本》一书，精于说形""西法《几何原本》，列比例之法一十有二""《几何原本》有两线平行之率""对角外角之理，详于《几何原本》"，甚至对乡前辈孙兰精通《几何原本》叹服不已。虽然当时学者对西学的看法并不统一，甚至认为西方数学都能够在中国传统数学中找到它的渊源，但是西学作为一种外来文化，特别是数学已为学者接受和消化。因此焦循在《加减乘除释》中提出的"论数之理，取于相通，不偏举数而以甲乙明之"，显然深受《几何原本》"不言数而颇能言数之理"的启迪。同样，焦循将算学分成数与形，而融通两者的则予以比例计算，而"比例"一词也正出自《几何原本》。数与形，两者均可以用比率算法一线通之。两者的区别只是前者简单、后者复杂，两者是量的区别，并无质的不同。《几何原本》中的"比例"之所以备受学者青睐，原因是它能沟通数与形，它既属于形（整个《几何原本》都属形），又可以与比率协调起来。于是《几何原本》中的"比例"概念便负担起调和中西数学、瓦解数与形之间质的区别的概念。焦循对《几何原本》的关注一般都是些基本理论问题，如量与数。他尤其注重"量"与"数"以及"相等""大小""倍"等范畴。由此可见，焦循的"数先形后"思想同样深受《几何原本》的影响。对此，阮元独具慧眼，赞赏焦循的数学研究是会通中西两家之长，不主一偏之见。

第 5 章

堪舆相宅

　　嘉庆十七年（1812）十一月，焦循正在夜以继日地撰写《雕菰楼易学三书》，适逢友人汪掌廷（汪光烜）从扬州派家人前来询问堪舆一事。为了答复友人之托和他周围人的请求，于是编写了《八五偶谭》一书。焦循在该书的自序中指出，所谓"八五之术"，也就人们通常所说的"风水""堪舆"之学。"八"指八卦，"五"指五行。八卦五行原是《周易》中的词语，后来一些方士为了渲染术数神秘的合理性，往往将术数披上阴阳八卦五行学说的外衣，并将有关数字拟人化，给人以一种原始朴素唯物的假象。其中他们认为"八"与"五"是最能随意发挥方术神秘功能的两个数字，如堪舆学相关的"八宅""八风""八山""五姓"等，甚至杜撰出"八方神灵""五方大帝"之类的虚构人物。也正因此，八卦、五行等也就成为堪舆学中的基本概念，可见《八五偶谭》实际就是焦循专论《周易》与堪舆学之间关系的著作。

现存《八五偶谭》一册，不分卷，系焦循手写行书稿本。封面原题"里堂先生八五偶谭"，并署"丙子秋八月，得于金陵书肆，乃扬州之三余堂也"。可见焦氏生前著作，在其病逝后曾一度散佚，并由后裔在市场上出售。该书卷首附有九幅"三合宅法图"，卷末又有依《周礼占梦注》而草拟的"建厌图"若干幅，另附有"汪掌廷致刘恭甫书"信札一函。《八五偶谭》以主客设问的形式，列出二十六个专题，对当时广泛流行的以气、五阳、五行、八卦及罗盘指南针等为代表的堪舆学理论依据和操作工具作了深入的辨析，并就堪舆学的起源、堪舆与《周易》的关系作了详细深入的阐明，尤其对当时社会上盛行的《葬书》《青囊奥语》《天玉经》等相宅之书作了有力的批判。由于《八五偶谭》迄今未见收录于现存焦循的各类著述，仅以孤本的形式流传于世，所以了解它的人很少。然而作为焦循思想与学术的一个组成部分，仍有必要对它作一番剖析和评说。

三合与长生

堪舆的起源，一般认为可以推至中国的先秦时期。《周易·升·九三》"升虚邑"，《说文解字》谓："虚，大丘也。"据高亨《周易古经今注》解释："虚邑，邑之在丘者，故云升也。升虚邑者，不畏水患，古者洪水为灾，徙家迁国，利升虚邑。"《墨子·辞过》也记载："古之民，未知为宫室时，就陵阜而居穴而处。"陵阜即指那些靠近河流的土坡。古人居处选择在土坡上，既便于人们取水捕鱼，又能够躲避经常发生的水患，故以人居高处为吉利，这也是后世堪舆家所说的"近水而居"的由来。

"堪舆"一词的最早含义，是指天与地。《史记·三王世家》："臣请令史官择吉日，具礼仪上，御史奏舆地图，他皆如前故事。"司马贞《索隐》云："谓地为'舆'者，天地有覆盖之德，故谓天为'盖'，谓地为'舆'，故地图称'舆地图'。疑自古有此名，非始汉也。"清代学者朱骏声《说文通训定声》解释为："盖堪为高处，舆为下处，天高地下之义。"不过，在古代，堪舆通常被理解为神怪。《汉书》引扬雄《甘泉赋》："属堪舆以壁垒兮，梢夔魖而抶獝狂。"孟康注云："堪舆，神名，造图宅书者。"可见，堪舆是中国古代人们对居住环境进行选择和处理的一种学问，其范围包括对住宅、宫室、寺观、陵墓、树落、城市等基址的布置形态和自然环境的利用与改造，并将自身和谐地统一于自然之间，从而追求一种在生理和心理上的满足与完善。然而千百年来，堪舆这一古老的学问，因其历代风水师的故弄玄虚，使本来具有朴素科学原理的学问，变成晦涩而又神秘莫测的一种术数。

"堪舆家"一名，最早出现在汉代，但是当时仅仅指那些通晓天文与地理知识的占候之士。如《史记·日者列传》就记载汉武帝时，曾经聚会占家问之，某日是否可以娶妇，五行家回答说可以，堪舆家回答说不可以。东汉时，民间风俗重视丧葬，王符《潜夫论·浮侈》篇指出："今京师贵戚、郡县豪家，生不极养，死乃崇丧。"为了寻找理想的丧葬之地，风水观念应运而生。如王充《论衡》中就介绍了当时风水忌讳的种种情况。魏晋南北朝时，堪舆之学蔚然成风，出现一批诸如管辂、郭璞等擅长堪舆之学的大师，他们纷纷著书立说，堪舆之书层出不穷。从《汉书·艺文志》著录的《堪舆金匮》《宫宅地形》，到清代《四库全书》著录的《山法全书》，历代史志所著录的堪舆之作不少于二百部。其中不仅有表、有图、有歌、有诀、有赋，而且名目也由"秘术""真诀""钩玄"到"拨雾""解惑""真机"等，变得越发离奇。对此，焦循极为反感，他指出堪舆不可信，但是其中所说到的"三合"和"十二长生"，则是有经书依据的，是孔子的遗言。

所谓"三合"，也称"三元"，即以一百八十年为一周天，第一甲子六十年为上元，第二甲子六十年为中元，第三甲子六十年为下元，合称三元。它以水、木、金、火、土五行推论作为依据，分别由申、子、辰相合为水局，寅、午、戌相合为火局，巳、酉、丑相合为金局，亥、卯、未相合为木局，是一种较为古老的相宅方法，即《穀梁传》所谓的"独阴不生，独阳不生，独天不生，三合而后生"。三国魏人徐邈解释此句说："古人称万物负阴而抱阳，冲气以为和。"这种以阴阳之"气"相宅的方法，在中国是有其哲学依据的，那就是《周易》中的阴阳变化观念。然而将《周易》的阴阳观念与"气"联系在一起的则是先秦哲学家老子，他在《道德经》的第四十二章中早就说过"万物负阴而抱阳，冲气以为和"。宋代哲学家张载对此则作了进一步的发挥，认为这种气是可聚可散、不生不灭的，体现在堪舆中的便是所谓的生气、死气、阳气、阴气、土气、地气、乘气、聚气、纳气等等。所以焦循说："三元即三合也。以天气周流，则为三元，以地势列位，则为三合。"同时，焦循又详述了"三合"的具体搭配和具体运作，如"一白坎，以子丑配之，四绿巽，以辰巳配之，七赤兑，以申酉配之，三元之有一四七，即三合之申子辰巳酉丑也；三碧震，以寅卯配之，六白乾，以戌亥配之，九紫离，以午未配之，三元之有三六九，即三合之寅午戌亥卯未也"等。

　　焦循对"三合"说的论证，正表明他试图以"气"的理论对古代"三合"相宅观念进行一次哲学的解释。由于焦循认为"三合"之说出自孔子遗言，那么它也就是名副其实的孔子真传。这样，焦循也就为"三合"之说的合理性找到了儒家经典的依据。至于所谓的"十二长生"，即指《周易》的十二辟卦。所谓十二辟卦，一称十二月卦，即指《周易》中除坎、震、离、兑四正卦外的六十卦，按照君、公、侯、卿、大夫五种等级，分成五组，每组十二卦，复、临、泰、大壮、夬、乾、姤、遁、否、观、剥、坤十二为第一组，故称十二辟卦。汉代易学家孟喜以此十二卦代表一年十二月，又具体代表二十四节气中的十二个中气（月首为节，月中为中），十二卦共七十二爻，又代表七十二候（每一节气分为初、次、末三候）。之所以将这十二卦来代表十二月，是因为这十二卦中刚柔二爻的变化正可体现阴阳二气的消长过程。因此，无论是"三合"，还是"十二生长"，实际上都是焦循以《周易》的理论来探讨堪舆之学的。

形法与术数

既然《周易》与堪舆有着密切的关系，因此易学中的一些术语也经常被堪舆家借用为风水相宅中的术语，如盛行于汉代的"纳甲"便是其中之一。纳甲原是汉代易学的术语，创自京房易学的积算之法。以甲为十干之首，举一干以该其余。后来三国虞翻又以八卦所属方位来推断天干的方位，如：甲乾乙坤，相合为木，故甲乙处东方位；丙艮丁兑，相合为火，故丙丁处南方位；戊坎己离，相合为土，故戊己处中方位；庚震辛巽，相合为金，故庚辛处西方位；天壬地癸，相合为水，故壬癸处北方位。清人纪昀曾就《宅经》中论及阴阳八卦与相宅的关系时说："以八卦之位向，乾、坎、艮、震及辰为阳，巽、离、坤、兑及戌为阴，阳以亥为首、巳为尾，阴以巳为首、亥为尾，而主于阴阳相得，颇有义理，文辞亦皆雅驯。"冯友兰在《中国哲学史》中曾给"纳甲"作了这样的定义："以震、兑、乾、巽、艮、坤六卦，表示一月中阴阳之消长，以甲、乙、丙、丁、戊、己、庚、辛、壬、癸十母，表示一月中日月之地位，所谓纳甲也。"这样八卦、五行和干支便直接与方位、阴阳、日月方位组合在一起，成为堪舆相宅的基本理论。对此，焦循却持相反的态度。当有人询问纳甲之法为什么古今说法都不同时，焦循批评汉代京房、虞翻用纳甲方法解释《周易》让人一头雾水，认为当今从事风水活动的人是"拾虞翻之唾余而奉为异宝，不值一噱"。事实上，京房、虞翻作为汉代象数易学的代表，他们运用纳甲解释《周易》，尽管有种种缺点，但他们创造性地开拓了易学的取象方法，在中国易学史上有其特定的历史地位。然而堪舆家将纳甲移植并借用为堪舆相宅理论，那就失之牵强，既不符合易学的原来精神，也使堪舆相宅理论日趋烦琐与神秘。

正是站在易学的立场上，焦循又探讨了有关堪舆相宅的形法问题。所谓"形法"，顾名思义，即以考察山川地形选择有利环境的建筑理论。在堪舆家看来，选择有利的建筑环境，首先是要考虑到"龙""穴""砂""水""向"等五大要素。"龙"指山脉，根据山形，即可判断其为飞龙、卧龙、降龙等。如三国时的诸葛亮的住处就被称为"卧龙岗"。"砂"指丘陵或高坡，它作为建筑宅基的屏护，实含有纱帐帷幕的内涵。"水"对于人的生活起居至为重要，而形法理论也每每将山与水联系在一起，即人们常说的"水随山而行，山界水而止"。"穴"和"向"都是决定建筑的实际位置和方位。这五大要素共同构成了堪舆相宅理论的支点，一直为古代堪舆家所遵循。然而焦循却提出异议，认为形法源自古代音乐，他指出古代人们都是以律吕推测阴阳、五行，天地之气寓于声音。早在汉代，班固所撰写的《汉书·艺文志》就说过："形法者，大举九州之势以立城郭室舍形，人及六畜骨法之度数、器物之形容以求其声气贵贱吉凶。犹律有长短，而各征其声，非有鬼神，数自然也。"并在《汉书》中收录了五行家的《钟律灾异》《钟律丛辰日苑》《钟律消息》《黄钟》等书，这也证明焦循认为形法渊源于古代音乐是有历史根据的。不过，焦循反对堪舆家相宅施用的工具，即罗经（罗盘）。罗经一般以天地两盘相配而成，天盘圆形居内，地盘方形居外，以象征古代"天圆地方"的观念。天盘内圈中心一层称为天池，也称"太极"，借用《系辞》的"易有太极"一语，以表示原始阴阳未分的混沌世界。内圈的外缘共分十二月将，天盘中心以浮针定阴阳两界，即子午中分，浮针向左则为阳，浮针向右则为阴，以此判断方位的吉凶。后世在此基础上又衍生出三盘四圈等，而浮针也更为细化，由中心浮针分为正针、缝针、中针三针。正针的功能在于确定南北方位，起指南作用，并由此测定山脉的具体方位。缝针的功能在于二十四山方位向左错开半格，即指仄影子午。中针的功能在于二十四山方位向右错开半格，即指北极子午。三针分置于天、地、人三盘上，以象征中国哲学的天、地、人合一的思想。然而焦循却将其强调为"古律吕合声之道"，他在《八五偶谭》中说："地之方向，一定不移者也。故无论子、午、卯、酉、寅、申、巳、亥，皆从左旋，十二辟卦，乃天气之周流，视阴阳而左右，所谓上下无常，惟变所适也。阳左旋，阴右旋，即爻辰乾贞于子、坤贞于未之义。《京房易》乾初纳子二，纳寅三，纳辰四，纳午五，纳申上，纳戌为左旋；坤初纳未二，纳巳三，纳卯四，纳丑五，纳亥上，纳酉为右旋。其说本之《周礼·大师》，合阴阳之声。阳声黄钟子，太簇寅，姑洗辰，蕤宾午，夷则申，无射戌，此阳之左旋也。大吕丑，应钟亥，南吕酉，函钟未，小吕巳，夹钟卯，此阴之右旋也。阳左旋，阴右旋，所以合阴阳之声。相地亦阳左旋，阴右旋，所以合阴阳之气也。"显然，这是一种以易学变化理论结合古乐十二律，配以六十甲子，按金、火、木、水、土五行的秩序旋转的纳音说。而纳音本脱胎于纳甲，因此焦循认为堪舆形法源自古代律吕，实际上仍然停留在汉代易学的纳甲理论框架之内，而这个框架，早在《淮南子》中就有所揭示。如《淮南子》根据北斗运行的规律与一年二十四节气的关系来说明气象与物象，并且在古代音律的特征与相应的气候特征相通的原则上，将十二律与一年二十四个节气相配，从而认定古代堪舆学与古代音律相通，这不仅给堪舆学披上了神秘的外衣，而且也给古代音律涂上了神秘的色彩。

当然，焦循与堪舆术士不同，他并不赞同传统的堪舆形法理论，指出它是"弃生气自坐处弃之，术士不识十二辟卦，而仅知其三，则或山或向，挠挠不已者，皆盲说耳"。同时焦循对"三针"作了如此界定："中针缝针，古不必有。古人以干合支，其界限必以目力精审之，后人设此二针，以为之界限。譬如古人用算策，但纵横纪数，近世西人于筹上书写乘法，其用为便，而义则仍古之算也。正针横列为二十四山之全，中针缝针纵列于正针之夹缝间，为二十四山之半，用中缝两针，仍是用正针，或欲不用缝针，或欲不用中针，皆不学也。"（《八五偶谭》）为了使堪舆更符合阴阳八卦的易学思想，于是焦循将罗盘三针的顺序作了图式。

总之，在焦循看来，三针的转向是有规律可循的，罗盘三针之间的相互搭配，也就是八卦与天干地支之间的相互沟通。这种搭配与沟通，形成了一幅天、地、人与气、理、数之间的协调和融合的图式，而这种图式也恰恰是中国哲学中的阴阳思想、五行思想、天人合一思想、理气观念在堪舆学中的体现。

堪舆学批判

堪舆学的起源虽然比较早，但是它的正式流行，则在中国历史上的晋代之后，其标志便是这时期堪舆学大师的辈出和堪舆学图书的正式出版。如被誉为堪舆学鼻祖的郭璞（276～324），字景纯，晋代河东闻喜（今属山西）人，相传他"周识博闻，有出世之道鉴。天文地理，龟书龙图，爻象谶纬，安墓卜宅，莫不穷微，善测人鬼之情状"，这当然颇有夸大其词的成分，但是历史上的郭璞确实是一个极富才华的人。他不但注释过《尔雅》《三苍》《方言》《山海经》《楚辞》《穆天子传》，而且还写诗作赋，代表作品有《游仙诗》《江赋》等，《葬书》是他关于堪舆学的名著。《四库全书总目提要》中说："后世言地学者，皆以璞为鼻祖，故书虽依托，终不得而废欤。

据《宋志》本名《葬书》，后来术家尊其说者，改名《葬经》。"除郭璞之外，历史上被称为堪舆学大师级人物的还有唐代的杨筠松。杨筠松，《唐书》无传，宋代陈振孙《直斋书录解题》录有其名氏。相传杨筠松本名益，字叔茂，筠松是他的号，祖籍窦州（今广东宜县），寓居江西，自称救贫先生，著有《疑龙经》《撼龙经》《青囊奥语》等，是提倡形势之说的堪舆学家。清代学者赵翼的《陔余丛考》说："江西之法肇于赣州杨筠松、曾文迪、赖大有、谢子逸辈，其为说主于形势，原其所起，即其所止，以定向位，专指龙、穴、沙、水之相配。"可见郭璞与杨筠松作为中国堪舆学的代表人物，千百年来，一直备受历代堪舆家的推崇，他们的堪舆学著作与理论，也一直被视为堪舆学的金科玉律。然而从唐宋以来，不少学者对郭璞《葬书》提出了质疑和批评。如唐人吕才著有《叙葬书》，认为古代葬俗"不封不树，丧期无数"，而"葬者，藏也，欲使人不得相见"，它与人的吉凶祸福没有任何直接联系，并批评《葬书》为败坏民间风俗之书。宋代司马光的《葬论》、元明时期谢应芳等人的《辨惑编》《葬书问对》等，都视《葬书》为歪门邪说。清初学者陈确作《葬论》，抨击丧葬全系堪舆家利用人们寻求荣华富贵、避凶趋吉的心理，"夸其辞以动之"，目的是骗取钱财，即所谓的"起于葬师之欲贿"，并认为《葬书》"凡书之言祸福者，皆妖书也，而《葬书》为甚；凡人之言祸福者，皆妖人也，而葬师为甚"。

焦循也与历史上的批评家一样，从学理上力纠《葬书》之非，以还堪舆学的本来面目。如他虽然赞同郭璞《葬书》中关于"地有四势，气从八方"的堪舆学理论，但是他认为《葬书》在描述预选墓址时，却违背了堪舆学的基本理论，错误地使用地支概念，从而出现了择时与方位之间的矛盾。

中国古代的丧葬极为讲究择时与墓穴所处的地理环境。方位的确立和选择良辰吉日，是堪舆学的重要内容和环节。俗谚说"不得真龙得年月""地贵平夷"，说的就是这个道理。然而辰、戌、丑、未原是十二地支中的四支，而古代的年月是以十天干与十二地支循环配合来表示的。虽然《葬书》反复强调择时的重要，但是在具体操作中，却不考虑方位与年月的一致性，所以焦循批评其"愚极"。这种对《葬书》的质疑，实际上否定了当时堪舆家将郭璞《葬书》视为堪舆学的权威经典。

与批评《葬书》一样，焦循还对以杨筠松、曾文迪师徒为代表的堪舆术作了严厉的批判。杨、曾二人曾合作编撰过《青囊奥语》，此书一直被理气派堪舆家奉为经典。据托名明初刘基所作的序言介绍，该书的内容不外乎嗜谈阴阳顺逆、九星化曜，辨析山水之贵贱吉凶。《四库全书总提要》说："其中多引而不发之语。"所以当有人问及如何理解杨筠松、曾文迪所著《青囊奥语》所言九星是否就是北斗时，焦循明确指出这是欺人之谈。所谓"九星"，据《黄帝内经素问·天元纪大论》"九星悬朗，七曜周旋"，即北斗七星加上辅、弼二星。堪舆家曾将八卦的每卦三爻的变化与五行相配比附为九星，并以此推演出八种形式的术语：一为贪狼木、二为巨门土、三为武曲金、四为廉贞火、五为禄存土、六为文曲水、七为破军金、八为左辅术。《汉书·翼奉传》说：北方贪狼，申子主之，南方廉贞，寅午主之，而以贪狼为忌，以廉贞为吉，故忌子卯而贵庚午。贪狼属水，不属木，亦非天星北斗之名。干宝解《易·噬嗑》云：初居刚躁之家，礼贪狼之性。《噬嗑》初九属震，此以震为贪狼，似为贪狼属木之本。然已非古义。所以焦循讥其为"如稍能读读书，知古之称贪狼并不作此解，则纷纷者可尽削矣"，"杨、曾术士，未能知其原也"。

同时，焦循还对后世堪舆家借用《青囊奥语》的名义，兜售邪说，进行了批驳。如焦循认为托名杨筠松的《都天宝照》虽有三元之说，实未有左右顺逆之说。后之附会为此无稽之谈，以惑听闻，"真邪说矣"。而且《都天宝照》，虽相传为杨筠松作，然篇中称杨公妙诀，又称筠松真妙诀，显是后人依托之辞。焦循认为："筠松《青囊奥语》，简净精微，曾氏之《青囊序》，即已支离繁冗，譬如王叔和之《伤寒例》，虽述仲景，而已有乖于仲景者矣。至《天玉》必非杨氏之作，或即曾氏之流托之，而《都天宝照》又其后为者矣。八神四个云云，秦氏宫璧说之最详，今据为此三元之说者，谓自子之西起，壬一字，丑一字，甲一字，辰一字，丙一字，未一字，庚一字，戌一字，此八字皆向左行，皆是四个一也。顾壬丑甲辰丙未庚戌明是八个，则当云八神八个一，用以解八神四个一条明了，义则《天玉宝照》亦有，不容谬托者也。既云不可兼矣，乃又谓辰戌丑未可兼乾坤艮巽，则自相矛盾矣。"焦循还驳斥明人蒋平阶的《水龙经》荒诞不经："蒋大鸿之流依据先天八卦，以驳三合十二长生，不知先天八卦，乃赵宋时所伪造，古无之也。

伪造《青囊经》者，拾周濂溪无极而太极五字为说，不学者奉为珍宝，竟是濂溪太极图说，抄袭《青囊》已属可笑，而据先天八卦以驳三合十二长生，稍能读书者，自知其妄，吾不屑论矣。"嘉庆五年（1800），焦循入幕杭州阮元武林节署，当时有堪舆者自言能以珠盘推算，署中学人见此都确信无疑，只有焦循敢于当面揭穿其弄虚作假，结果"伊持算半日，莫能出一言。或问余，余曰：吾视其算，全是信手乱动，不成教法，吾以目注其珠盘，彼乃不敢言耳。呜呼！世之术士，自称秘奥不传之诀者，此其类矣"。堪舆之学，在明清两代广泛流行，成为封建社会知识阶层中的一个重要行业，社会影响很大，在所谓的三教九流之中，堪舆位列第四（俗称"一流举子二流医，三流丹青四地理，五星六爻，七僧八道九行棋"），仅次于读书人、医生和画师，足见其地位和公众重视的程度之高。然而堪舆学所带有迷信色彩的内容复杂，玄之又玄，它所能起到的实际作用主要是心理方面的。就信奉者而言，它不外乎填补人的特殊心理，寻求一种难以解脱的精神慰藉而已。就中国儒家文化及其古代辉煌的建筑文化遗产而言，它的影响也是极其有限的。然而，焦循对堪舆学的阐明与批判，在清代乾嘉之际的学术界，可谓空谷足音。

　　《八五偶谭》与焦循的其他学术著作相比，算不上鸿篇巨制，字数仅在万字之内，而且他对堪舆学本身持肯定的态度，《八五偶谭》所附诸图就是证明。然而作为焦循思想与学术的一个侧面，《八五偶谭》对重新认识堪舆学以及进一步开展对古代堪舆学的研究，都具有较高的学术价值和历史价值。

第 6 章

易学思想

《周易》这部被中国儒家尊为"弥纶天地之道"而列入"六经之首"的儒家经典，对中国古代文化有着深远的影响。它不仅以其神秘的魅力吸引了无数学者终生为之孜孜探求，而且它本身所显现的那套独特的符号系统，也形成了一种独特的文化现象。自汉代以后，中国古代各个历史时期最重要的思想家或主要哲学流派，无不与《周易》有着千丝万缕的联系，他们的哲学思想也无不深深打上易学的印记。他们不仅从《周易》所蕴含的玄义奥理中得到启迪，而且还凭借《周易》中的一些概念、命题和卦爻符号来发挥个人的思想。

嘉庆七年（1802），焦循赴京师参加会试受挫，不久患病，从此不复出行，潜心研究《周易》。其实，焦循对《周易》产生兴趣，源于家学传承。幼年时，他的父亲就督促他研习《周易》，并告诉他要从《易传》入手。弱冠以前，焦循主要研读宋人的易学著作。二十岁时，开始研读王弼与韩康伯的易学著作。二十五岁后，专心研究郑玄、马融、荀爽、虞翻等汉代与魏晋时期的各家之说。在这期间，焦循虽然还没有能够形成对《周易》的一个完整的认识，但是他已在酝酿、撰写自己的读《易》心得。正是在仕途无望的刺激下，他在四十一岁时下定决心，发愿撰写能阐明自己观点的易学著作——《雕菰楼易学三书》（《易通释》《易章句》《易图略》，共四十卷，简称《易学三书》）。

《雕菰楼易学三书》初版以来，不仅引起当时学界的震动，被赞许为"石破天惊""精锐之兵"，而且吸引了一代又一代的学人，成为他们研究《周易》的必读书。在学人中间，《雕菰楼易学三书》的价值也不断上升，以至成为研究中国易学史必备的经典性名著。其中缘由，不完全在于它的形式，而在于它较为集中地体现了焦循的易学思想。

四圣同言说

《周易》为羲、文、周、孔四圣人同言之书，是古代社会论《易》者的传统解释，也是焦循对《周易》的基本看法。焦循并不否认《周易》是一本占卜书，这从他的《易学三书》中不乏谈蓍法和策数便可看出。但焦循反复强调《周易》所讲占卜，仅是形式，而它的内容，却在于"立教"。他说："假卜筮之事而《易》之教行乎百姓。""蓍筮所用也，神而明之，使民不倦，而假卜筮因贰济民行，是赞之于幽隐之中，所谓不可使知也。"此话非常明白地揭示，焦循认为《周易》的宗旨是建立封建伦理道德规范，而占卜不过是圣人借以传世的形式。其实《周易》之所以能够以流传至今，正赖以它是"假卜筮之事"的形式。众所周知，《周易》在秦末汉初尚未被指定为钦定的经典。如秦代深通儒术的李斯，他在怂恿秦始皇毁灭儒家文化时就有"所不去者，医药、卜筮、种树之书"的建议。《周易》在李斯心目中仅是占卜一类的小书，他不屑一顾。又据 1977 年在安徽阜阳双古堆发掘的汉墓葬中有《周易》汉简出土，其《同人》卦九三爻辞载有"卜有罪者，凶。卜，战斗，敌强不得志。卜病者，不死乃瘳"等内容，而且卦画与今本《周易》、马王堆帛书《周易》不尽一致。发掘报告认为，此墓系西汉第二代汝阴侯夏侯灶，系西汉开国功臣夏侯婴之子，卒于汉文帝十五年（前 165），时间比帛书《周易》还要早一些，由此可以确定《周易》至汉初仍被视为纯粹的占卜之书，而并非阐述道德规范的著作。但焦循执意说《周易》是"教人改过"之书，实际上是继承了汉代以来有关《周易》经传作者的观点，即所谓伏羲画八卦、周文王重为六十四卦、周公旦作爻辞、孔子作"十翼"的"四圣之易"说。《汉书·艺文志》说："宓戏（伏羲）氏仰观象于天，俯观法于地，观鸟兽之文，与地之宜，近取诸身，远取诸物，于是始作八卦……文王以诸侯顺命而行道，天人之占可得而效，于是重《易》六爻，作上下篇。孔氏为之《彖》《象》《系辞》《文言》《序卦》

之属十篇。故曰易道深矣，人更三圣，世历三古。"孟康注：
"以为伏羲为上古，文王为中古，孔子为下古。"孔颖达则认为
"所以只言三圣不数周公者，以父统子业故也"。宋代学者欧阳
修怀疑《系辞》等传非孔子所作，朱熹虽然同样尊奉四圣说，
但提出经传有别，认为《易》本筮占之书，至孔子作传才阐说
许多义理，主张从卜筮的角度还《周易》之本义。然而《周
易》经传一脉相承，是周孔之道的体现，则为历代易学研究者
所崇。如清初王夫之认为"以乾坤并建为宗，错综合为一象，
彖爻一致、四圣一揆为释，占学一理、得失吉凶一道为义"。
正是基于"四圣同言"这一易学的基本观念，焦循提出了"十
二言易教"，作为易学的总纲。

他指出："昔人谓伏羲作十言之教，曰：乾、坎、艮、震、
巽、离、坤、兑、消、息。余谓文王作十二言之教，曰：元、
亨、利、贞、吉、凶、悔、吝、厉、孚、无咎。元亨利贞，则
当位而吉；不元亨利贞，则失道而凶。失道而消，不久固厉；
当位而盈，不可久亦厉；因其厉而悔则孚，孚则无咎。同一改
悔，而独历艰难困苦，而后得有孚，则为吝；虽吝，亦归于无
咎。明乎此十二言，而《易》可知矣。"

所谓"十言之教"，也即古代易学家借助于卦象的分析，
解释卦爻辞并通过其意义的引申，确立《周易》筮占的权威
性。他们将八卦的抽象符号编织为代表具体事物的卦象，依照
个人的需要，制定了一套拟象的参照系统。根据《左传》《国
语》的筮例，八卦取象为：乾为天、文、天子、君、玉、光；

坤为土、马、牛、母、帛、众、顺、温、安、正、厚；震为雷、车、輹、足、土、兄、长男、侄、行、杀、武；巽为风、女；坎为水、川、众、夫、劳、强、和、文、嘉；离为火、日、鸟、牛、公、侯、姑；艮为山、男、庭、言；兑为泽、旗、心。在这些基本卦象中，还能引申出各种与此卦象意义相通的卦象。如坤卦的卦象为土，土养万物，母养子女，所以母属坤象，同时土还兼有安静、柔顺等特性，所以温、顺、安、厚都属坤象。汉代易学家孟喜将这种思想演化为十二消息（指消长变化）卦，以表示一年四季十二月阴阳消长的变化特征。因此，"十言之教"，也成为古代易学家取象的定式。焦循所说的"十二言易教"，一方面是发努力与《易传》保持一致，并将上述各种取象纳入元、亨、利、贞等之中，通过爻位的变化（当位与不当位）来判断卦象，从而将六十四卦三百八十四爻组合成一个由元、亨、利、贞周而复始运行不息的取象网络。

"元""亨""利""贞"四字，本指天道运行不息的四个环节，元谓生物之始，亨谓生物之通，利谓生物之遂，贞谓生物之成。相当于一年中的春夏秋冬四季，代表所谓的天道四德。《文言传》将天道四德引申到人事，即元、亨、利、贞作为君子所实行的四种道德规范。所谓"元者，善之长也。亨者，嘉之会也。利者，义之和也。贞者，事之干也"，并与儒家学说中的仁、义、礼、智相对。焦循虽然同样接受了《象传》和《文言传》中有关元、亨、利、贞等字的解释，但是他更重视"元、亨、利、贞"四德，并从《周易》经文的归纳和排比中，认为元是贯穿全《易》的关键。将元统括六十四卦的认识，并不始于焦循。如三国时的管辂就认为乾坤两卦是《周易》的祖宗，《周易》中的任何变化都渊源于乾坤两卦的变化。不过，焦循之所以确立"元、亨、利、贞"为卦爻变化之源，是因为他看到四者具有道德教化的功能。他认为："《易》之为书，本明道德事功，则直称其为道、为德、为事、为功是也。"因此焦循给元、亨、利、贞下的定义，实际上也是将儒家的四大教义融会其中，视《易》为孔孟学说之本。在儒家学说中，所谓"四德"，也就是孝、弟、忠、信，后来孟子又归纳为仁、义、礼、智四德，并与处理君臣、父子、兄弟、夫妇、朋友的所谓"五伦"联系在一起组成为伦理道德规范。因此，焦循认为元、亨、利、贞为《易》的根本，也就是把《易》视为封建伦理道德规范的教科书。因此，焦循的"元、亨、利、贞"，既是他个人的四个道德理想，也是他"四圣同言说"的核心所在。当然，单有道德理想的抱负，不进行切实的道德实践，也是徒有其表的，关键还在于不断提高自己的道德修养，遵循圣圣相传的大经大法——忠恕。

忠恕一贯论

明末清初的易学研究，象数和义理并存。明代的灭亡，曾给当时学者以极大的刺激，他们纷纷从不同角度来探求明亡的历史教训，因此学术界的氛围比较自由和活跃。黄宗羲、王夫之、顾炎武等人在批评象数和义理的同时，提倡经世致用，汉代的易学重新被学者所重视，从而形成了清初扬汉抑宋的易学特色。这就不可避免地遭到由官方支持宋《易》者的反对，所谓"门户交争，务求相胜"，就是当时易学领域里的生动写照。为了控制思想学术界，康熙皇帝采取了灵活的态度，作出了调和汉宋两家的选择，由他授意李光地等人编撰的《周易折中》便是这种选择的结果。乾隆皇帝继续执行他祖父的文化政策，汉代易学得到了官方的重视。如傅恒等人编撰的《周易述义》就是汉宋并存、代表官方的易学著作，成为后来清代学者研究《周易》的范本。

乾嘉之际，学者以传统儒学否定程朱理学，以客观的、历史的态度研究六经与孔子。焦循则以研究易学的方式，来阐述他对孔孟的推崇，对"先王之道"的理解。在《周易》经传中，"道"具有多种含义：

一、"道"具有自然界变化的规律之意。如"乾道变化""天地之道""天道亏盈""地道变盈"等指自然界自身运动、变化的规律。

二、"道"包括自然原理与社会原理。如"天道下济而光明""地道卑而上行""弥纶天地之道"等。

三、同时自然原理之"道"经常与社会原理之"道"相结合。如"天道"，包含阴与阳；"地道"，包含柔与刚；"人道"，包含仁与义；等等。

焦循所谓的"《易》之道"则专指社会原理，即孔孟的伦理道德观念。焦循理想中的社会，是一个统一和谐、人与人都以真情相对的社会。他把《周易》中提出的"各正性命、保合太和"的境界作为儒家追求的理想目标。至于如何理解《易》道所体现的孔孟思想，在中国儒学史上，大致有两种途径：一种以汉人为代表，认为应该通识文字的基础上，以保存孔孟思想的原来面貌，从而进一步弘扬孔子思想；另一种则以宋人为代表，以自己对经书的理解来诠释孔孟的思想，以此发挥个人的学说。这两种形式，在儒经研究史上，便产生了所谓的汉儒的训诂之学与宋儒的义理之学两种迥然不同的学风。乾嘉之际，汉学盛行，他们对儒学中的"性""道""仁""义"等所谓"圣门命脉"的字语，通过训诂方法的研究，对被程朱理学化了的儒家基本概念进行了正本清源，着重于儒家基本理论与概念的疏理，并努力发掘其中蕴含的忠恕贯通之义。如焦循认为孔子讲的"忠恕"，归根结底就是希望人们能够达到"一心而容万善"的境界。事实上，在儒家的价值观念中，"忠恕"或"仁恕"，也仅仅是其思想体系中的一个组成部分。焦循强调的"忠"，并不是现在人们所理解的专指处理君臣关系的道德规范，它还具有更广泛的含义。比如《论语》中所说的"主忠信""与人忠""为人谋而不忠乎"等都包含了真心诚意、积极为人的道德情操。"恕"即"宽容""容人"，如孔子提倡的"以直报怨，以德报德"的品德。所以焦循认为"忠恕"是圣人的一贯之旨，并将其提高到"道"的高度，实际上是提倡儒家推己之心以爱人的传统美德。那么如何来实践圣人的这个一以贯之的"忠恕之道"呢？焦循认为必须经过"迁善改过"的自我反省。

迁善改过说

"迁善改过"，在焦循的易学思想中占有相当重要的地位。在中国古代，人们对于复杂纷纭的社会前景和变幻莫测的人生命运，在自己难以掌控的时候，往往利用巫史卜筮来趋吉避凶，憧憬未来，以保持心理的某种平衡，故有所谓的"九筮"之说。明代学者谈纲在《卜筮节要》一书的自序中说："《易》之用，莫妙于卜筮，所谓神以知来也；莫难于卜筮，所谓极数知来也。"然而焦循认为这还仅仅是卜筮的功能之一，而圣人之所以重视卜筮，目的在于迁善改过。

迁善改过说，见于明末理学家刘宗周。刘宗周曾著《改过说》三篇和《纪过格》一篇。按照刘宗周的见解，圣人和凡人并无差别，所谓"圣人"，就在于能自觉地迁善改过，不犯错误的圣人是没有的，但只要能坚持不懈地迁善改过，做到一迁一改、时迁时改，便可"入于圣人之域"。因此刘宗周赞成学习的目的首先是改过。当然，这是理学家对迁善改过说的理解。而焦循则认为迁善改过的目的在于"絜矩"。

"絜矩"一词，语出《礼记·大学》："所谓平天下在治其国者，上老老而民兴孝，上长长而兴弟，上恤孤而民不倍，是以君子有絜矩之道也。"焦循认为"絜矩"即"仁恕"，"仁恕"

也就是"忠恕"，它们同属孔子提倡"仁"的伦理思想的主要内容。由于"忠"字在《论语》中占有很大比例，共十七处，达十五篇之多，如《礼记·中庸》篇引孔子的话说："忠恕违道不远。施诸己而不愿，亦勿施于人。"所以"忠恕之道"也就是孔子的"一以贯之"的思想。所以他认为孔子作《易传》的目的就是教人改过，从语言行为上不断地纠正自己的失误。在焦循看来，《周易》是以占卜的形式来发挥教化人的作用的，所以学习《周易》的过程，也是一个自我不断迁善改过的过程。正因为如此，焦循所提出的"四圣同言""忠恕一贯""迁善改过"的易学，客观上说仍是以儒家的基本精神为基础的。这不仅是焦循研究《周易》的思想出发点，而且他借此创立了自己独特的易学体系，从而揭开了他重建象数易学新范式的序幕。

第 7 章

易 学 图 式

　　《周易》作为儒家的经典之一，与中国儒学一样，两千多年来历经多次盛衰转折，在封建王朝的更替或学术形态的转换过程中，都以它深邃的思想内涵和独特的表现形式，吸引了一代又一代的学者为之孜孜探究，虽然诠释形式各异，但企图从中寻觅理想的入世之道，则是一致的，从而在中国儒学史上形成了一个源远流长的易学传统。那么《周易》六十四卦的三百八十四爻有没有统一的运动规律？卦爻象之间是否有转换的内在机制？这既是中国古代易学研究者时时为之困惑的问题，也是历代治《易》者不得不需要解决的难题。于是自汉代起便产生了所谓的"卦气说""八宫说""爻辰说""卦变说""互体说"等，企图从各个方面来探求、论证、分析爻位运动和卦象变化的规律。焦循的易学研究，被当时誉为"非汉，非晋唐，非宋，发千古未发蕴"，可见焦循易学不囿于象数与义理而独辟蹊径。那么焦循的易学研究究竟独特在哪里？用焦循自己的话说，就是发明了"旁通""相错""时行""当位""失道"和"比例"等法则，从而论证《周易》六十四卦的三百八十四爻之间的运动规律。

旁通与时行

"旁通"与"时行"，是焦循研究《周易》的主要法则之一。"旁通"一词源出于《易·文言》"六爻发挥，旁通情也"。三国吴人陆绩曾对此作了诠释，认为它是组合六十四卦的由来。所谓"旁通"，是指卦爻阴阳爻画之间的相互关系，它具有"旁通厥德"互为贯通的含义。用旁通方法研究《周易》，始于汉代虞翻。虞翻的易学著作早佚，今据唐代学者李鼎祚《周易集解》所保存与收录的虞翻二十余个旁通，大致可以了解到旁通是指卦爻辞的一阴一阳的置换，以每卦中的阴阳互异而唤起或得到另一卦为其主要目的，它是《周易》"卦变说"的一种补充而已。

焦循的旁通除遵循虞翻以卦爻相互置换的原则之外，他还创立了具体运用旁通的步骤和几项原则：

一、旁通卦必须爻辞阴阳两两相对。

二、旁通卦爻的阴阳转换，必须依次序进行。

三、旁通的目的是使各爻辞各正其位。

所谓阴阳两两相对，是指旁通卦爻必须符合一阴一阳相对而成立的卦组。如《乾》卦六爻全系阳爻组成，那么与《乾》卦相旁通的卦一定是《坤》卦，因为《坤》卦六爻全系阴爻组成，由六爻全阳的《乾》卦与六爻全阴的《坤》卦相对，《乾》《坤》两卦的旁通方能成立。据此，《周易》六十四卦依上述原则类推，分别成《乾》《坤》，《震》《巽》，《坎》《离》等三十二组旁通卦。所谓有次序地进行爻位运动转换，是针对每卦的初、二、三爻辞分别与四、五、六爻辞相互置换而言。其次序首先由每卦的第二爻与第五爻之间进行，再在初爻与第四爻、第三爻与上爻之间进行。爻位之间的转换，一般先从本卦中寻求，如本卦不具备条件，则推及它的旁通卦。如《归妹》六爻辞中符合爻位置换条件的仅第二爻和第五爻，初爻与第四爻、三爻与上爻因属性相同而无法爻位置换。《归妹》的旁通卦是《渐》卦，按旁通原则爻位置换，即成《既济》卦。《既济》是《周易》六十四卦中爻位皆正之卦，因此通过旁通使卦爻各正其位。上述旁通法则虽然是显而易见的，但在实际运用中往往相当烦琐。对此，焦循曾列举三十例证，试图以此来论证旁通卦爻之间的种种联系。现据《易图略》整理如下：

一、《同人》九五"大师克相遇"，若非《师》与《同人》旁通，则"师之相克""师之相遇"，与《同人》何涉？

二、《艮》六二"不拯其随"，《兑》二之《艮》五，《兑》成《随》，《兑》二之"拯"，正是《随》之"拯"。若非《艮》《兑》旁通，则"不拯其随"义不可得而明。

三、《涣》初之《丰》四，《丰》成《明夷》。故《丰》九四言"遇其夷主"，与《涣》六四"匪夷所思"互相发明。若非《丰》《涣》旁通，则"匪夷所思""遇其夷主"，何以解说？

四、《屯》九五"屯其膏"，即《鼎》九三"雉膏"之膏，《屯》《鼎》旁通。

五、《需》，"不进"也。《晋》者，进也。惟《需》《晋》旁通，故进、不进相反。

六、《解》上六"射隼于高墉之上"，谓六三旁通于《家人》。《家人》上《巽》为"高墉"。《同人》四之《师》初成《家人》，亦云"乘其墉"。《家人》与《解》旁通，一"墉"字明之。

七、《噬嗑》，食也。"井泥不食""井渫不食"，谓未旁通于《噬嗑》。

八、《屯》，"见而不失其居"。《蛊》六四"往见"，谓初旁通于《随》四，《随》即成《屯》，是为《随》《蛊》旁通。

九、《同人》九三"升其高陵"。上九通于《师》三，《师》成《升》。

十、《明夷》六五"箕子之明夷"，"箕子"即"其子"。《中孚》九二"鸣鹤在阴，其子和之"，谓九二旁通《小过》六五。惟《小过》六五不和《中孚》之九二，而以四之初成《明夷》，故云"其子之明夷"。苟其子与鸣鹤相和，则明不伤夷，是《中孚》《小过》旁通。

十一、旁通自此及彼，自近及远，故取义于射。《既济》

六爻皆定，不用旁通，则水火不相射。

十二、《困》成《需》，《贲》成《明夷》，则"有言不信"，以《贲》之"小"而合《困》之"有言"为"小有言"。《需》旁通于《晋》，《明夷》旁通于《讼》，则虽小有言而终吉，故《需》《讼》称"小有言"，《明夷》称"主人有言"。

十三、《明夷》"三日不食"，旁通于《讼》，则"食旧德"。

十四、"物畜然后有礼，故受之以履"，《祭义》《仲尼燕居》皆以"礼"为"履"。《履》旁通于《谦》，故"谦以制其礼"。

十五、"井泥不食"，《丰》四之《井》初成《需》，故"需于泥"《丰》成《明夷》。《需》二之《明夷》五为"致寇至"。《传》云"灾在外"，即《丰》"过旬灾"之"灾"。

十六、《小畜》"密云不雨，自我西郊"，其辞又见于《小过》六五。《小畜》上之《豫》三，则《豫》成《小过》，《中孚》三之上则亦成《需》。以《小过》为《豫》之比例，以《中孚》为《小畜》之比例。解者不知旁通之义，则一"密云不雨"之象，何以《小畜》与《小过》同辞？

十七、《家人》何以"行有恒"？上旁通于《解》三，则《解》成《恒》。

十八、《大畜》，时也。《随》四之《蛊》初，即《大畜》，是为"天下随时"。

十九、《杂卦传》："大过，颠也"。而《大过》，经文不称颠。《颐》六二、六四两称"颠"，颠即"颠实扬休"之"颠"。

谓《颐》五空虚。《大过》二往填实之。非《大过》与《颐》旁通，何以经之"颠"在《颐》，而《传》之"颠"在《大过》？

二十、《临》初九、九二皆云"咸临"，惟《遁》上之《临》三，则《遁》成《咸》。

二十一、《兑》九五"孚于剥"，《兑》三之《艮》上成《夬》，《夬》与《剥》旁通，故"孚于剥有厉"，即《夬》之"孚号有厉"。

二十二、《益》上九"立心勿恒，凶"，向非《恒》《益》旁通，《恒》之有心，何与《益》事？

二十三、《同人》四之《师》初，《同人》成《家人》，是以"承家"。

二十四、师，众也。又以《大有》为众，何也？《师》二之五成比，比则旁通于《大有》，《大有》二之五成《同人》，《同人》则旁通于《师》。

二十五、《贲》上之《困》三，《困》成《大过》，为"棺椁"所取。《贲》成《明夷》，中心灭亡，故云"死期将至"。

二十六、《革》"治历明时"，章、蔀，历法也。惟《涣》二之《丰》五，《丰》成《革》，五"来章"，四"丰蔀"，所以"治历明时"。不知旁通之义，则不知《丰》之"丰蔀"，即《革》之"治历"。

二十七、"或跃在渊，乾道乃革"，谓《乾》成《革》而旁通于《蒙》。渊即泉也，"跃在渊"，犹云"山下出泉"也。

二十八、《丰》四之《涣》初，《涣》成《中孚》，《丰》

成《明夷》，故《明夷》《涣》皆称"用拯马壮吉"。

二十九、《夬》二旁通《剥》五成《观》，故《剥·传》云"观象也"。若非旁通，《剥》之象何以有《观》？

三十、《巽》二旁通《震》五，《震》成《随》，故《巽》称"随风"。

上述焦循所谓的"旁通"三十例证，可以归纳为如下几种形式：

第一，以旁通卦内容相同的卦爻辞，揭示卦爻之间的关联。如《同人》"九五"爻辞为"大师相克遇"，《同人》的旁通卦为《师》卦，因此"师之相克""师之相遇"的确切蕴意便可在《同人》与《师》两卦中求得。

第二，以旁通卦爻的置换而产生新卦，其新卦与它的旁通卦相印证。如《涣》和《丰》通过初爻与四爻转换，《丰》成为《明夷》卦。据《涣》六四爻辞"匪夷所思"，而《丰》九四爻辞"遇其夷主"，因此《丰》《涣》《明夷》三卦通过爻位转化，其内容能够互相印证。

第三，某卦的爻辞内容，与某一组旁通卦爻的置换而产生新卦的爻辞内容互为补充。如《明夷》六五爻辞"箕子之明夷"，《中孚》九二爻辞"鸣鹤在阴，其子和之"。按《中孚》的旁通卦是《小过》，通过初爻与四爻置换而成《明夷》卦。由《明夷》联系《中孚》《小过》两卦来补充说明"箕子之明夷"与"其子和之"的内在联系。

第四，非旁通卦的卦爻辞内容相同，均由各卦各自寻求旁通卦，以证明卦与卦的性质一致。如《小畜》卦辞"密云不雨，自我西郊"，《小过》六五爻辞亦为"密云不雨，自我西郊"。按照旁通原则，《小畜》与《小过》彼此不能进行旁通。但《小畜》的旁通卦是《豫》卦，而且《小过》的旁通卦是《中孚》卦，于是两组旁通卦各自经过初爻与四爻、三爻与上爻、四爻与初爻的互相置换，《小畜》与《小过》均变为《需》卦，因此经过旁通同样能揭示非旁通卦组之间的联系。

焦循运用旁通法则研究《周易》，是他改造了虞翻的"旁通说"，进一步发展了《周易》中阴阳互相对立、互相依存的原则，并将这个原则贯彻于六十四卦三百八十四爻之中。在充分肯定每卦每爻都有其对立面的同时，揭示了在一个旁通卦组十二爻中，由显现的六爻推导出必然隐伏着与此六爻互相依存的彼六爻。然而用旁通法则研究《周易》，意味着焦循试图从正反两个方面考察事物，把事物互相转化关系扩大为普遍法则。其优点在于克服将卦爻看成一成不变的静态孤立物的缺点，而是将其作为一个动态平衡的整体加以系统研究。其缺点在于旁通本为曲意附会，借象解经，人为地造成许多对立面。主观假说大于客观现象，结果是使一些本来不具联系的卦爻反而形成了必然的联系，本来极易理解的卦象反而显得繁杂与模糊不清。

与旁通有着密切联系的还有时行法则。在中国古代，人们社会活动与天气的变化密切相关。在先秦的典籍中就有强调"时"对于人事活动的重要意义。《尚书·尧典》提出"历象日月星辰，敬授人时"，以天象的运行规律制定历法，指导人们按时令与节气从事农耕。《尚书·洪范》则有所谓的"日月岁时既易，百谷用不成，乂用昏不明，俊民用微，家用不宁"。"时"被赋予治理国家长治久安的特定含义。《易传》汲取了《洪范》关于"时"的观念，并将其发展为论述占卦过程、诠释卦爻象、阐发卦爻辞的一个主要概念。如《系辞上》说："法象莫大乎天地，变通莫大乎四时"。"时"与天地一起，成为宇宙演变过程中的主要动因。宋代理学家视《周易》为专论天人之道的儒家经典，"时义""时用"等专名一再用于《易传》的研究。焦循与历史上的易学家一样，也重视"时"的观念，提出"时行说"。

　　"时行"一词，渊源于《彖传》对《大有》卦基本意义的诠释："柔得尊位大中，而上下应之，曰《大有》。其德刚健而文明，应乎天而时行，是以元亨。"然而焦循创立的"时行"，则是在旁通卦组的基础上，通过具体的爻位分析，使卦爻按照元、亨、利、贞周而复始地不断转换运动，使六十四卦经过爻位之间的转换，避免出现两个重复的《既济》卦。对此，焦循称它为"大中而上下应"。所谓"大中"，一般是指每卦中的六二爻辞和九五爻辞。自汉代以来，论《易》者都认为《周易》六十四卦中的任何一卦，都有上下两个单位组成（或称内外两卦），由于六二和九五两爻分别居于上卦与下卦之中，所以又有"居中""得中"等称谓。如《需》的上卦为《坎》下卦为《乾》，其六二、九五两爻各居上下两卦之中位。"上下应"又可分为"上应"与"下应"两种。"上应"是指每一组旁通卦二五爻位置换组合成新卦,继之以三上爻位置换。如果继之以初四爻位置换则称"下应"。凡能"大中而上下应"的卦为"元亨",象征着"吉"。如《乾》《坤》两卦首先进行二五爻位置换成《同人》与《比》两卦,即所谓的"大中",随后由《同人》《比》两卦继之以三上爻位的置换成《革》与《蹇》两卦,或者由《同人》《比》继之以初四爻位的置换成《家人》与《屯》两卦,前者称"上应",后者称"下应"。这样组合而成的《家人》《屯》《革》《蹇》四卦均被视为"元亨"。由于上述四卦之间并不具备旁通的条件,因此也就违背了"一阴一阳为之道"的易学原则,所以各卦还必须寻求符合"两两相孚"的旁通卦而成为"利贞"。据此,《家人》与《解》旁通,《屯》与《鼎》旁通,《革》与《蒙》旁通,《蹇》与《睽》旁通。然后再以"大中而上下应"的原则进行爻位置换,直至最后形成《既济》《咸》或《既济》《益》两卦,至此元、亨、利、贞周而复始的爻位运动才告完成。

当然,六十四卦并非一定遵循"大中而上下应"的原则,通过其他途径也能进行卦爻元、亨、利、贞的循环。现亦以《乾》《坤》两卦为例。如先进行三上爻位置换(上应)或初四爻位置换(下应),分得《夬》《谦》《小畜》《复》四卦。但是这四卦之间既不能旁通,又不再具备"大中而上下应"的条件,因此唯一的途径只有寻找各自的旁通卦。如《夬》与《剥》旁通,《谦》与《履》旁通,《小畜》与《豫》旁通,

《复》与《姤》旁通，再经"大中"和"上下应"的爻位置换运动，直至得《既济》《咸》或《既济》《益》两卦为止。总六十四卦而言，时行的结果不外乎《家人》《屯》《革》《蹇》《益》《咸》《既济》七卦。它的形式又可分为二五先行当位变通不穷、初四先行不当位变而通之仍大中而上下应、三上先行不当位变而通之仍大中而上下应三种。

焦循时行法则的特点，在于他不再囿于传统易学致力于一卦一爻左支右绌的论述，而是将六十四卦作为一个有着内在联系的整体加以考察。如焦循曾将六十四卦中言"元"者集拢为二十四卦：《乾》《坤》《屯》《讼》《比》《履》《泰》《大有》《随》《蛊》《临》《复》《无妄》《大畜》《离》《颐》《损》《益》《萃》《升》《井》《革》《鼎》《涣》。以时行法则进行各卦之间的爻位置换，全面阐述了"元"字在诸卦中"或明言之，或互言之"的意义所在。以时行来揭示卦爻间的联系，体现了焦循对《周易》变通理论的改造，在旁通的基础上深化了卦爻位周而复始的运动规律，发展了《易传》中"时"的观念。

当位与失道

易学中的"当位"和"失道"，本指每一卦六根爻画所居爻位而言，它也是历来易学家作为观测卦爻象依据的传统方法。《周易》六十四卦中的任何一卦，均由阴"--"与阳

"—"两种不同符号组合而成。按照传统易说，每一卦的阴爻居二、四、六爻位，阳爻则居初、三、五爻位，按这样的次序排列而成的卦称为当位，反之则为失道。一般又都以每卦的二五爻位作为区别当位与失道的标准。当位与失道是焦循借以判断卦爻象吉凶祸福的主要依据。在焦循看来，《周易》六十四卦三百八十四爻之间的爻位运动，始终伴随着当位与失道而展开。

那么如何理解焦循的当位与失道呢？如果用现代的语言来解释的话，即每一组阴阳爻画相对的旁通卦先由二五爻位进行置换，然后再进行初四爻位和三上爻位置换，按照这样的次序进行爻位转换的便是当位，反之则为失道。现以《艮》《兑》两卦为例。《兑》卦第二爻位是阳爻，《艮》卦第五爻位是阴爻，显然这是一组失道的旁通卦。现据焦循确立的当位、失道原则，由《兑》卦的第二爻（九二）与《艮》卦的第五爻（六五）互相置换，所成《随》《渐》皆当位之卦；随后由《随》《渐》两卦的初爻四爻或三爻上爻置换，分别得《屯》《家人》《蹇》《革》当位四卦。反之，如由《兑》《艮》两卦先以初爻四爻或三爻上爻置换，而所得《贲》《节》《谦》《夬》失道四卦。据焦循《易图略》所载"当位失道图"，总《周易》六十四卦可以推导出以下六种形式：

第一，以当位得《家人》《屯》《革》《蹇》四卦的有：《乾》《坤》《震》《巽》《坎》《离》《艮》《兑》《同人》《师》《比》《大有》《随》《蛊》《渐》《归妹》十六卦。

第二，以当位得《家人》《屯》《既济》《咸》四卦的有：《家人》《解》《屯》《鼎》《小畜》《豫》《复》《姤》《节》《旅》《贲》《困》《临》《遁》《大畜》《萃》十六卦。

第三，以当位得《既济》《益》《革》《蹇》四卦的有：《革》《蒙》《蹇》《睽》《夬》《剥》《谦》《履》《丰》《涣》《井》《噬嗑》《升》《无妄》《大壮》《观》十六卦。

第四，以当位得《既济》《益》《既济》《咸》四卦的有：《需》《晋》《明夷》《讼》《泰》《否》《损》《咸》《恒》《益》《中孚》《小过》《大过》《颐》《既济》《未济》十六卦。

第五，以失道得《明夷》《需》《明夷》《需》四卦的有：《乾》《坤》《坎》《离》《震》《巽》《艮》《兑》《小畜》《豫》《复》《姤》《夬》《剥》《谦》《履》《节》《旅》《贲》《困》《丰》《涣》《井》《噬嗑》《需》《晋》《明夷》《讼》《中孚》《小过》《大过》《颐》三十二卦。

第六，以失道得《既济》《泰》《既济》《泰》四卦的有：《同人》《师》《比》《大有》《随》《蛊》《渐》《归妹》《家人》《解》《屯》《鼎》《革》《蒙》《蹇》《睽》《临》《遁》《升》《无妄》《大畜》《萃》《大壮》《观》《泰》《否》《损》《咸》《恒》《益》《既济》《未济》三十卦。

利用当位失道，致使卦爻位置换、转换运动规律化，是焦循发展了《周易》有关爻位相应的理论。利用术数，分析爻位，预测卦象，本是汉代易学家所拟定的，它使原来已经玄虚的占卜术更增添了神秘性。牟宗三曾将焦循的当位与失道诸卦归纳为：一、凡先二五，后初四、三上，以变成《家人》《屯》《革》《蹇》四卦者为当位；二、凡先二五，后初四、三上，以变成《既济》《咸》者为当位；三、凡先二五，后初四、三上，以变成《既济》《益》者为当位。失道归纳为：一、凡不先二五，而先初四、三上以成《需》《明夷》者为失道；二、凡不先二五，而先初四、三上以成《既济》《泰》者为失道；三、凡成两《既济》者，无论其先二五，或不先二五，皆为失道。同时牟宗三以"生生条理"作为判断当位与失道的依据，并从道德哲学的角度指出：当位失道间不容发，只看其动是否能先二五，及是否能终而有始。此两条件皆尽，则为元、亨、利、贞而吉，反之即为失道而凶。先二五者，立其元，开其机，而有序有理也。终而有始者，生生不息之谓也。唯有序有理之动始能生生不息，生生不息正所以显序理之动也。生生条理，即是旁通情也，即是以情系情，即是情欲之谐和，即是保合太和，即是忠恕一贯之道。其实，焦循正是通过当位与失道来阐发他的社会思想的。

相错与比例

"相错"与"比例"是焦循创立新象数范式的又一个重要法则。"相错"一词，源出于《说卦·传》："天地定位，山泽通气，雷风相薄，水火不相射，八卦相错。六十四卦皆天地、山泽、雷风、水火相错。"《说卦·传》关于六十四卦的组合理论,一直为汉代以后的易学研究者所遵循。明代学者来知德也曾经以相错来研究《周易》,试图从整体上来把握卦象,但是他无法将其"错综"贯彻于六十四卦,所以未能成为被易学界认可的一种通例。而焦循所谓的"相错",则指《乾》《坤》《震》《巽》《坎》《离》《艮》《兑》八卦交叉置换而重新搭配组合六十四卦的方法。他以六十四卦中的三十二组旁通卦为依据,进行卦与卦之间的转换。现据《易图略》所载,三十二组旁通卦的相错关系主要有下列四种形式:

第一,凡旁通卦的下卦相互置换而成相错。如《同人》与《师》两卦相错成《讼》《明夷》两卦,反之亦然。

第二,凡旁通卦二五爻位置换而组合成新卦的相错。如《乾》《坤》两卦二五爻位置换得《同人》与《比》两卦。《同人》与《比》相错为《否》与《既济》两卦,反之《否》《既济》相错亦为《同人》与《比》两卦。

第三,凡旁通卦初四爻位或三上爻位置换而组合成新卦的相错。如《乾》《坤》两卦初四或三上爻位置换而成《小畜》《复》《夬》《谦》四卦。《小畜》与《复》相错为《益》《泰》两卦,《夬》与《谦》相错为《泰》《咸》两卦,反之亦然。

第四,凡旁通卦先二五后三上或初四爻位置换而组合成新卦的相错。六十四卦中只有《家人》《屯》《革》《蹇》《需》《明夷》等六卦。《家人》与《屯》相错为《益》《既济》两卦,《革》与《蹇》相错为《咸》《既济》两卦,《需》与《明夷》相错为《泰》《既济》两卦,反之亦然。

焦循为了弥补旁通卦本身取象的局限，利用两卦相错，从纵、横两个方面通释全《易》，这是焦循创立相错法则的意义所在。为了进一步论证相错的合理性，焦循又在相错卦的基础上确立了卦爻之间等值关系的比例法则。

比例是焦循在相错基础上进一步确立卦爻之间的等值关系的法则。焦循的比例包括以卦的相错为比例和以爻位置换为比例二种。如《屯》，即由《井》与《噬嗑》相错而成，因此《屯》《井》《噬嗑》三卦之间的关系也成为比例关系。同样《夬》卦的六二爻位与《复》卦的六五爻位置换亦为《屯》卦，所以《复》《夬》与《屯》卦的关系也成为比例关系。对此，焦循曾以十二种比例形式来概括《周易》六十四卦之间的比例关系。据《易图略》所载，十二种比例形式是：

一、《泰》《否》为《乾》《坤》之比例，《既济》《未济》为《坎》《离》之比例，《益》《恒》为《震》《巽》之比例。《损》《咸》为《艮》《兑》之比例。

二、《小畜》二之《豫》五成《家人》《萃》，为《夬》二之《剥》五成《观》《革》之比例。《姤》二之《复》五成《屯》《遁》，为《履》二之《谦》五成《无妄》《蹇》之比例。

三、《升》通《无妄》而二之五成《蹇》，为《睽》通《蹇》而二之五成《无妄》之比例。《大畜》通《萃》而二之五成《家人》，为《解》通《家人》而二之五成《萃》之比例。

四、《乾》四之《坤》初成《复》《小畜》，为《离》四之《坎》初成《节》《贲》之比例。《兑》三之《艮》上成《谦》

116

《夬》，为《巽》上之《震》三成《丰》《井》之比例。

五、《乾》《坤》成《家人》《屯》为成《蹇》《革》之比例。《乾》《坤》成《复》《小畜》为成《谦》《夬》之比例。

六、《乾》四之《坤》初成《小畜》《复》，《小畜》通《豫》为《复》《姤》之比例。《坎》三之《离》上成《丰》《井》，《丰》通《涣》为《井》通《噬嗑》之比例。

七、《乾》二之《坤》五，《乾》成《同人》，《坤》成《比》，为《师》二之五之比例，亦为《大有》二之五之比例。《巽》二之《震》五，《巽》成《渐》，《震》成《随》，为《蛊》二之五之比例。亦为《归妹》二之五之比例。

八、《履》四之《谦》初成《中孚》《明夷》，《丰》四之《涣》初亦成《中孚》《明夷》，皆成《小过》四之初之比例。《同人》上之《师》三成《升》《革》，《蛊》上之《随》三亦成《升》《革》，皆为《蒙》上之三之比例。

九、《小畜》上之《豫》三成《小过》，《小过》通《中孚》，仍《小过》通《豫》之比例。《姤》上之《复》三成《大过》，《大过》通《颐》，仍《复》通《姤》之比例。

十、《丰》《涣》相错为《家人》《解》，《解》二之五同于《小畜》二之《豫》五，则《小畜》二之《豫》五为《涣》二之《丰》五之比例。《贲》《困》相错为《蒙》《革》，《蒙》二之五同于《夬》二之《剥》五，则《夬》二之《剥》五为《困》二之《贲》五之比例。

十一、《归妹》三之《渐》上，成《大壮》《蹇》，相错为

117

《需》《小过》，则《需》通《晋》、《小过》通《中孚》，即《蹇》通《睽》、《大壮》通《观》之比例。《同人》四之《师》初成《家人》《临》，相错为《中孚》《明夷》，则《中孚》通《小过》、《明夷》通《讼》，为《家人》通《解》、《临》通《遁》之比例。

十二、《乾》二之《坤》五既同于《师》二之五，亦同于《大有》二之五，则《师》成《临》，《大有》成《大畜》，为《坤》成《复》之比例。《巽》二之《震》五既同于《归妹》二之五，亦同于《蛊》二之五，则《蛊》成《升》，《归妹》成《大壮》，为《震》成《丰》之比例。

焦循虽然将六十四卦归纳出上述十二种比例形式，但据笔者的考察，其代表性的是以下三种形式。

乘方与天元

作为焦循独辟蹊径的易学图式，旁通与时行、当位与失道、相错与比例，都是他为揭示《周易》六十四卦三百八十四爻之间"横求之而通，纵求之而通，参伍错综之而无不通"的种种关联所拟制的。为了对《周易》作更为细致入微的"实测"，焦循又将传统数学引入易学研究，并以此形成卦爻运动和通贯六十四卦的主要依据，提出"非明九数之齐同、比例，不足以知卦画之行"。同时，焦循还将《周易》中意义相通、字义相近的词句进行归类，考察各条易辞，利用"六书"中的假借与转注，使易辞也融会贯通，从而证明《周易》卦爻辞之间存有必然的联系。对此，焦循将乘方、天元、齐同、比例等数学法则引入易学研究。现将分别予以介绍：

第一，乘方。又称"增乘开方法"，是中国古代数学中求取高次幂的开方计算方法。《九章算术》中便已经记载开平方、开立方的开方方法。宋代学者贾宪曾作"开方作法本源图"并附有用增乘方法来进行计算的"增乘方求廉法草"，现代学者钱宝琮将此"求廉草"整理为开一至六次幂（古称"开五乘方"）的所需用的各廉。焦循正是利用乘方的计算方法，重新组合六十四卦的序列。众所周知，有关《周易》六十四卦的排列组合，曾引起历代易学研究者的兴趣。传统的理解是伏羲画卦，文王重卦。伏羲是历史传说人物，文王重卦是中国著名史学家司马迁在其不朽名著《史记》中提出的。以后扬雄、王充也都支持文王重卦说。《淮南子·要略》则指出六十卦是由伏羲首创的。那么究竟是先有八卦，然后再有两个单卦重叠而演化出的六十四卦呢，还是本来就有六十四卦？这也成为中国易学史上的一个悬案。宋代学者邵雍曾以丰富的数学知识重新排列组合，有趣的是，17世纪德国哲学家兼数学家莱布尼兹用二进制演算六十四卦的次序，其结果与邵雍不谋而合。焦循虽然没能发明出二进制，但他在中国传统数学的乘方法则中发现了六十四卦排列组合的秘密。为了说明六十四卦的排列组合与五乘方的运算关系，焦循又特作了图式以明其演算规则。

焦循此图，实际上渊源于宋代数学家贾宪的"开方作法本源图"。图中所示的每一横行恰好都是现代通称为某次幂的二项展开式中的各项系数，即：

$$(x+a)^0 = 1$$

$$(x+a)^1 = x+a$$

$$(x+a)^2 = x^2+2ax+a^2$$

$$(x+a)^3 = x^3+3ax^2+3a^2x+a^3$$

$$(x+a)^4 = x^4+4ax^3+6a^2x^2+4a^3x+a^4$$

$$(x+a)^5 = x^5+5ax^4+10a^2x^3+10a^3x^2+5a^4x+a^5$$

$$(x+a)^6 = x^6+6ax^5+15a^2x^4+20a^3x^3+15a^4x^2+6a^5x+a^6$$

　　焦循正是以这种求得开六次幂（"开五乘方"）的计算方法，类推出六十四的排列组合。二进制是以"0"与"1"两种符号分别代表阴"‒‒"阳"—"两爻的，焦循则改以"甲""乙"表示每卦的阴阳爻画。他说："论数之理取于相通，不偏举数，而以甲、乙明之。"如《乾》卦由六根阳爻组成，则以六个"甲"来表示。又如《观》卦，则以两个"甲"四个"乙"来表示二根阳爻和四根阴爻。依照这样甲乙相间排列组合，焦循用传统数学中的"五乘方"予以计算。所谓"五乘方"，系数学中的初等代数部分，用现代数学符号可表示为$(a+b)^6$,其式也相当于焦循上图的最后一横行。如果把其式$(a+b)^6$展开，便得到"$a^6+6a^5b+15a^4b^2+20a^3b^3+15a^2b^4+6ab^5+b^6$"的结果。若把"a""b"代表"甲"和"乙"，由"甲"和"乙"代表阴阳两爻，那么六十四卦的"五乘方"计算后的排列组合便有七种形式：

一、含有六甲爻画的是《乾》一卦。

二、含有五甲一乙爻画的是《姤》《同人》《履》《小畜》《大有》《夬》六卦。

三、含有四甲二乙爻画的是《遁》《无妄》《中孚》《大畜》《大壮》《讼》《巽》《鼎》《大过》《家人》《离》《革》《睽》《兑》《需》十五卦。

四、含有三甲三乙爻画的是《否》《益》《损》《泰》《涣》《蛊》《恒》《贲》《丰》《归妹》《旅》《咸》《噬嗑》《随》《渐》《未济》《困》《节》《井》《既济》二十卦。

五、含有二甲四乙爻画的是《观》《颐》《临》《蒙》《升》《艮》《小过》《晋》《萃》《震》《明夷》《蹇》《解》《坎》《屯》十五卦。

六、含有一甲五乙爻画的是《剥》《比》《豫》《谦》《师》《复》六卦。

七、含有六乙爻画的是《坤》一卦。

如果以甲乙符号来表示卦爻，那么卦爻原有的秩序就不必考虑其合理性，又因为卦爻秩序的变化，其取象的对象也可以不同，所以卦爻之间由转化带来的新的卦序组合也就能够成立。关于《周易》六十四卦与"五乘方"的关系，焦循《易学三书》无明文介绍，仅能见其"稿本"中所保存由《乾》至《临》的四十五卦残篇。现根据他在《加减乘除释》中有关"五乘方"的细草类推，补上十九卦，以飨读者。

六十四卦五乘方排列图

卦	名称	排列	五乘
乾 ䷀	五乘方	甲甲甲甲甲甲甲	五乘
姤 ䷫	第一廉之一	甲甲甲甲甲乙	
同人 ䷌	第一廉之二	甲甲甲甲乙甲	
履 ䷉	第一廉之三	甲甲甲乙甲甲	
小畜 ䷈	第一廉之四	甲甲乙甲甲甲	
大有 ䷍	第一廉之五	甲乙甲甲甲甲	
夬 ䷪	第一廉之六	乙甲甲甲甲甲	
遁 ䷠	第二廉之一	甲甲甲甲乙乙	
无妄 ䷘	第二廉之二	甲甲甲乙乙甲	
中孚 ䷼	第二廉之三	甲甲乙乙甲甲	
大畜 ䷙	第二廉之四	甲乙乙甲甲甲	
大壮 ䷡	第二廉之五	乙乙甲甲甲甲	
讼 ䷅	第二廉之六	甲甲甲乙甲乙	
巽 ䷸	第二廉之七	甲甲乙甲甲乙	
鼎 ䷱	第二廉之八	甲乙甲甲甲乙	
大过 ䷛	第二廉之九	乙甲甲甲甲乙	
家人 ䷤	第二廉之十	甲甲乙甲乙甲	
离 ䷝	第二廉之十一	甲乙甲甲乙甲	
革 ䷰	第二廉之十二	乙甲甲甲乙甲	
睽 ䷥	第二廉之十三	甲乙甲乙甲甲	
兑 ䷹	第二廉之十四	乙甲甲乙甲甲	
需 ䷄	第二廉之十五	乙甲乙甲甲甲	

否 ䷋	第三廉之一	甲甲甲乙乙乙
益 ䷩	第三廉之二	甲甲乙乙乙甲
损 ䷨	第三廉之三	甲乙乙乙甲甲
泰 ䷊	第三廉之四	乙乙乙甲甲甲
涣 ䷺	第三廉之五	甲甲乙乙甲乙
蛊 ䷑	第三廉之六	甲乙乙甲甲乙
恒 ䷟	第三廉之七	乙乙甲甲甲乙
贲 ䷕	第三廉之八	甲乙乙甲乙甲
丰 ䷶	第三廉之九	乙乙甲甲乙甲
归妹 ䷵	第三廉之十	乙乙甲乙甲甲
旅 ䷷	第三廉之十一	甲乙甲甲乙乙
咸 ䷞	第三廉之十二	乙甲甲甲乙乙
噬嗑 ䷔	第三廉之十三	甲乙甲乙乙甲
随 ䷐	第三廉之十四	乙甲甲乙乙甲
渐 ䷴	第三廉之十五	甲甲乙甲乙乙
未济 ䷿	第三廉之十六	甲乙甲乙甲乙
困 ䷮	第三廉之一七	乙甲甲乙甲乙
节 ䷻	第三廉之一八	乙甲乙乙甲甲
井 ䷯	第三廉之一九	乙甲乙甲甲乙
既济 ䷾	第四廉之一	乙甲乙甲乙甲
观 ䷓	第四廉之二	甲甲乙乙乙乙
颐 ䷚	第四廉之三	甲乙乙乙乙甲
临 ䷒	第四廉之四	乙乙乙乙甲甲

蒙䷃	第四廉之五	甲乙乙乙甲乙
升䷭	第四廉之六	乙乙乙甲甲乙
艮䷳	第四廉之七	甲乙乙甲乙乙
小过䷽	第四廉之八	乙乙甲甲乙乙
晋䷢	第四廉之九	甲乙甲乙乙乙
萃䷬	第四廉之十	乙甲甲乙乙乙
震䷲	第四廉之十一	乙乙甲乙乙甲
明夷䷣	第四廉之十二	乙乙乙甲乙甲
蹇䷦	第四廉之十三	乙甲乙甲乙乙
解䷧	第四廉之十四	乙乙甲乙甲乙
坎䷜	第四廉之十五	乙甲乙乙甲乙
屯䷂	第四廉之十六	乙甲乙乙乙甲
剥䷖	第五廉之一	甲乙乙乙乙
比䷇	第五廉之二	乙甲乙乙乙
豫䷏	第五廉之三	乙乙甲乙乙
谦䷎	第五廉之四	乙乙乙甲乙
师䷆	第五廉之五	乙乙乙乙甲乙
复䷗	第五廉之六	乙乙乙乙乙甲
坤䷁	五乘方隅	乙乙乙乙乙乙

《周易》六十四卦的这种计算方法也引起了很多现代学者的兴趣，并撰述了很多著作来研究这个体系。假定用 A，B，C，D，E，F，G，H 八个符号代替八卦，那么八卦相乘六十四卦，便得出这样的结果：AA，BB，CC，DD，EE，FF，GG，

HH，2AB，2AC，2AD，2AE，2AF，2AG，2AH，2BC，2BD，2BE，2BF，2BG，2BH，2CD，2CE，2CF，2CG，2CH，2DE，2DF，2DG，2DH，2EF，2EG，2EH，2FG，2FH，2GH。如果计算一下 A，B，C，D，E，F，G，H 八项式之和的平方 $(A+B+C+D+E+F+G+H)^2$，也同样能得到相同的结果。焦循对《周易》六十四卦的排列组合，脱胎于算学中的"开方作法本源图"已如上述 。同时，焦循将中国宋元时期数学家列方程的方法之一的"天元术"援入易学研究。

第二，天元术。"天元"本指周历，周历建子以农历十一月为正月，儒家推崇周代，认为周历得天之正道，故称"天元"。"天元"作为数学专名，产生于 11 世纪中叶，即北宋神宗年间，但对这种列方程的普遍方法首先进行系统论述的是秦九韶和李冶。"天元术"与现代通常的代数教科书中列方程的方法极为相似。它首先是"立天元一为某某"，也相当于现代的"设 x 为某某"的意思。其次再根据问题给出的条件列出两个相等的多项式，二者相减即可得出一端为零的方程。这种以两个多项式相减以列于方程的步骤又称为"同数相消"或"如积相消"。"相消"是令二者相减，"如积"即"同积"，就是指两个相等的多项式。焦循曾运用旁通法则，将《周易》六十四卦组合成同爻位阴阳相对的三十二组旁通卦，如《乾》与《坤》、《同人》与《师》、《屯》与《鼎》等。然而焦循把阴阳爻画相同并相对的两卦比附为相等的两个多项式，把通过两个等式的相减，列出方程而后求得未知数的这种因果关系，比附为两卦之间的阴阳爻画的不等，并依此进行反复的爻位置换成阴阳爻画相等的旁通卦。可见"天元一"中的"如积相消""同数相消"这一解方程的步骤便成为焦循"凡旁通之卦，一阴一阳两两相孚"这一易学原理的数学根据。不过，焦循为了进一步扩大比率计算，认为"天元一术，不以过于子母互为齐同、比例而已"，从而又提出了齐同与比例。

齐同与比例

"齐同"与"比例"也是焦循援入易学研究中的主要数学法则。"齐同"一词，出自刘徽《九章算术注》。"齐同"就是以不同的分母和分数相加减时，必须先进行通分，然后将分子相加减的运算法则。据《九章算术·方田》"分合术"刘徽注："凡母互乘子谓之'齐'，群母相乘谓之'同'。同者相与通，同其母也。齐者与母齐，势不可失本也。"焦循认为："相乘则两数如一，故谓之同（三乘五得一十五，五乘三亦得一十五）。互乘则两子之差立见，可以施加施减，故谓之齐。"如以现代数学符号表示，即设 a/b 和 d/c 两个分数。分子与分母各自相乘为 ac、bd，称为齐，分母与分母相乘为 bc，称为同。也就是将 a/b 化为 ac/bc，将 d/c 化为 bd/bc，只有如此齐同之后，两个分数之间才能进行运算，焦循易学中的旁通和相错都与卦爻运动和转化有关，这和齐同的计算有着相似之处。如《乾》《坤》两卦二五爻位的置换成《同人》《比》，再如《乾》《坤》

两卦相错成《泰》《否》等。现举较具代表性的一例：

> 《丰》上六"蔀其家"，蔀者，齐同之也。《丰》成《既济》，犹数之有减尽也；《涣》则成《益》，犹数之有差较也。"蔀其家"犹"齐其家"，《丰》《涣》本错为《家人》，齐同之成《既济》，与"蔀其家"同。乃《损》既成《益》，而利有攸往，谓《益》通于《恒》而上之三也。《益》通《恒》而上之三，则《恒》成《咸》，《益》成《既济》。《既济》《咸》相错不为《家人》，故得臣无家，此与《蒙》克家互明。

如以图表示则为：

丰 ䷶ 涣 ䷺ ——齐同为——> 既济 ䷾ 益 ䷩ ——相错为——> 家人 ䷤

这些都是焦循在齐同的启发下，以数字比附卦爻，以分数的通分作为旁通、相错。焦循认为："以此之盈，补彼之朒，数之齐同如此，《易》之齐同亦如此。"其实在《周易》一书中，无论旁通还是相错都不存在，历代易学家对此也没有如此系统的论述，这些也正是焦循有别于前人的易学特色，所谓以数理沟通易理也能得到合理的解释。

与齐同一样，焦循以所谓比例来论证易学的卦变系统，其思维方式也同样渊源于数学理论。清代学者王引之在总结焦循的易学研究时说："要其法，则比例二字尽之。"朱骏声认为焦循"以《九章》之正负、比例为《易》意"。而焦循本人对此也多次作了明确的阐述。所谓"比例"，也是数学语言，其定义和现代数学中的"比例"基本相同。如用现代数学符号来表

127

示，即 a 与 b 的比值等于 m，c 与 d 的比值也等于 m，那么 a：b
等于 c：d，a：b 与 c：d 之间的关系就是比例关系（一般也称
a、b、c、d 四数成比例）。焦循由此得到启发，领悟出六十四
卦通过相错和旁通能揭示卦与卦之间种种联系和比例关系，并
依次类推出"《易》之比例"。如《乾》与《坤》两卦与《泰》
与《否》两卦互为比例。这是因为《乾》《坤》两卦相错成
《泰》《否》；反之《泰》《否》两卦相错亦为《乾》《坤》。若
以比号"："替代相错，以等号"="替代"互为比例"，又以
a，b，c，d 分别替代《乾》《坤》《泰》《否》四卦，那么这四
卦的比例关系用数学符号表示就成为a：b=c：d的比例关系。
现以《艮》《兑》两卦相错而成《咸》《损》两卦举例如下：

☷ 咸卦：

初六：咸其拇

六二：咸其腓

九三：咸其股

九五：咸其脢

上六：咸其辅颊舌。

☶ 艮卦：

初六：艮其趾

六二：艮其腓

九三：艮其限

六四：艮其身

六五：艮其辅

《咸》《艮》两卦本来不存有关联，然而一经相错，《咸》
《损》《艮》《兑》四卦就确立了比例关系。不仅《艮》卦的爻
辞意义与《咸》卦的爻辞意义有了直接联系，而且与《损》
《兑》的爻辞也产生了某种逻辑联想。因此焦循说："《咸》《艮》
两卦之辞，发明《咸》《损》为《艮》《兑》之相错，尤为明
了。《艮》六五'艮其辅'，即《咸》上六'咸其辅颊舌'；

《咸》六二'咸其腓'，即《艮》六二'艮其腓'。《损·传》'一人行，三则疑也'。《兑·传》'行未疑也'。行未疑之行，即一人行之行。《兑》'以朋友讲习'，正发明《损》'得其友'。非明乎八卦相错之比例，《咸》《艮》两卦取象之同，将莫能知其妙也。"交叉利用旁通和相错，也能使卦爻之间形成种种比例。如《小畜》二之《豫》五成《家人》与《萃》，《夬》二之《剥》五成《观》与《革》。然而《家人》与《萃》相错而成《观》《革》，《观》《革》相错成《家人》《萃》。又如：

《坤》六三"含章可贞"，《传》云"以时发也"；《姤》九五"含章有陨自天"，《传》云"中正也"。中正，指其为《姤》二之《复》五，而《姤》上之《复》三，即为《鼎》二之五，而上之《屯》三之比例。以两"含章"例之，知《坤》之"含章"，谓成《屯》通《鼎》也；《屯》成《既济》，《鼎》成《咸》，相错为《革》。《复》成《既济》，《姤》成《咸》，相错亦为《革》，与《丰》成《革》同。故"含章"之章即"来章"之章，而"来章"谓《涣》二之《丰》五，即谓《蒙》二之五，"时发"即"发蒙"，"发蒙"即"含章"也。

如将上述二例诸卦分别代之以 a，b，c，d，e，f，g，h 数学符号，那么它们之间的比例关系为：$a:b=c:d$，$e:f=g:h$，所以 $c:d=g:h$，$a:b=e:f$。六十四卦的各种比例方式，都可以由上述举例类推。在焦循的易学中，精确地认识数量与数的比例关系，是在人为的方式下进行求证的。在两者不能同时进行比较时，首先确定一个标准，然后将两个对象分别与这个标准比较，最后确定它们是否相等以及它们之间的比例关系。

不过，细察焦循的比例，除了具有上述特殊的数学内涵之外，一般场合则更多地有易学的文字训诂学意义。比如假借与转注。

假借与转注

所谓"假借"，是指古人分析汉字造字法而归纳出来的"六书"中的一种。汉代许慎《说文解字叙》："假借者，本无其字，依声托事。"假借是说借用已有的文字表示语言中同音而不同义的字。如许慎所举"令""长"二字，令之本训为发号，长之本训为久远，借为官吏之称，而官吏之称，但为令、为长，别无本字。事实上，凡一字有几个义项的，可有两种情况：一是与字义有联系的，叫转注；一是与本义完全没有关联的，叫假借。如"网"为田鱼之器，转而为车网，为蛛网，此通以形；又转而为文网，此通以意。这一类为转注，也就是词义的引申。又如"苑"为"宛"、"冢"为"长"、而"虫"为"彤"等以为假借。然而焦循在实际运用中，却每每将假借与转注连用，如《周易》的《渐》卦的初六、六二、九三、六四、九五、上九六爻辞皆取象于"鸿"，历来论《易》者都释

"鸿"为鸟名（或大雁之名，虞翻说；或水鸟之名，王弼说）。根据《渐》卦的整个内容考察，解释"鸿"为鸟名较为合理，然而焦循依据《尔雅》《康诰》等文献，以同音假借为原则，认为"洪""鸿"古音相通，因此解释"鸿"为"代"。他的理由是《周易》的卦爻辞本出于周公之手，而《释诂》等篇又是周公的著作，以周公之书解释周公之辞则更为正确。为了对焦循的假借说有一个清晰的理解，现略举一例：如"握""渥"两字，《周易》中凡两见。一见于《萃》初六："有孚不终，乃乱乃萃，若号，一握为笑，勿恤，往无咎。"一见于《鼎》九四："鼎折足，覆公餗，其形渥，凶。""一握"，王弼《周易注》："一握者，小之貌也。为笑者，懦劣之貌也。""渥"，王弼《周易注》："渥，沾濡之貌也。"对于王弼的解释，焦循颇为不满。他说："王弼谓一握者，小之貌也。为笑者，懦劣之貌也。求之于经，皆不能达。蓄疑者数十年矣。今乃得之。"所谓"一握为笑"，焦循《易章句·萃》注："握与渥同。鼎，其形渥。渥，足也。足则终，终则乱，惟有孚于萃，不终，而乃乱乃萃。乱者，渥矣。萃不终则不渥，萃不渥而仅大畜渥，是为一渥，两渥则凶，一渥则号变为笑矣。"据此，握、渥两字互相假借，一以贯之，经文由此互相钩贯。可以说，假借与转注为焦循建构新的易学图式提供了一条新的途径。

131

第 8 章

易学评价

嘉庆二十年（1815），焦循《易学三书》最后写定，被誉为"圣人复出"。然而这部由算学提供思维方法以及深受考据学风影响的易学专著，给当时学界所带来的轰动效应和后来对它的严厉批评却形成了强烈的反差，这也是它的作者所始料不及的。乾嘉以后，清代学者如郭嵩焘、朱骏声、李慈铭等纷纷批评焦循的易学研究，认为他貌为高简，实为空论。这种批评，在易学界影响很大，一直流传至今。如李镜池、高亨、尚秉和等前辈学者也有类似的评说。熊十力则认为它是汉代易学的变种。其实，焦循的易学研究，一方面继承和发展了汉代易学，一方面又试图通过创建新的符号系统而走出传统象数易学，它从一个侧面展示了乾嘉易学的变化。

汉代易学的薪传

怎样来理解汉代易学中的卦变、爻变系统？这是焦循易学体系中首先提出的论证议题。所谓"卦变"，即指《周易》六十四卦，无论一爻变化或数爻变化（阴爻转变为阳爻）均可能呈现出另一种卦象。它作为《周易》占筮的基本内容，使人们能够在总体上把握六十四卦中三百八十四爻的序列。"卦变"就是通过这一序列中筮取某一特定的卦辞，作为预测人们对于复杂纷纭的社会前景和变幻莫测的人生命运，以靠它趋吉避凶。"卦变"首见于《左传》庄公二十二年："周史有以《周易》见陈侯者。陈侯使筮之，遇《观》之《否》。"西汉时焦赣编写的《易林》曾经以一卦变为六十四卦，共得四千零九十六卦爻，构成了以蓍筮为主体的卦变系统。此后，京房、荀爽、虞翻等都程度不等地继承和发展了占筮卦变的传统。如荀爽有所谓"《乾》《坤》变来者""六子卦变来者""自消息卦变来者"。对此，焦循则列举卦变说的五种不同的内在矛盾。他指出：

今谓卦之来由于爻之变，其谬一也。

诸卦生于六子，而六子又生于诸卦，其谬二也。

一阳之卦不生于《剥》《复》，一阴之卦不生于《姤》《夬》，与《泰》《否》《临》《观》等例参差不一，其谬三也。

彭城蔡景君说《谦》《剥》上来之三，蜀才谓《师》本《剥》卦，《同人》本《夬》卦，则一阳一阴与二阳二阴之例通矣。然一阳之卦有四，皆可兼自《复》《剥》来，一阴之卦有四，皆可兼自《姤》《夬》来，与《革》

《鼎》《屯》《蒙》《坎》《离》《颐》《大过》之于《遁》《大壮》《临》《观》等，于彼于此，无所归附，其谬四也。

至于《晋》《讼》可生《中孚》《小过》，《噬嗑》可生《丰》，《贲》可生《旅》，蔓衍无宗，不能自持其例，其谬五也。

在汉代易学象数系统中，虞翻的《易》说保存最多，唐代李鼎祚《周易集解》曾广为收录。清代易学研究者崇尚汉学，十分推崇虞翻，形成了所谓的"虞氏学"。虞翻以象数解《易》，尤其赞赏荀爽。他发挥了荀爽的刚柔升降说而提出了卦变理论。这种使言、意、象达到统一而为卦爻寻求注脚的卦变，往往牵强附会，时有抵牾。如《小过》卦六五爻辞为"密云不雨，自我西郊"，这本是观测气象的农谚。然虞翻用卦变理论解释为"密，小也。《晋》《坎》在天为云，坠地成雨。上来之三，析《坎》入《兑》。小为密，《坤》为自我。《兑》为西，五动，《乾》为郊。故密云不雨，自我西郊"。（《易图略·论卦变下第二》）对此，焦循批评为"支左而诎右"，并决定就荀、虞易学进行一番去伪存真，从而提出了他的当位失道理论和操作程序，实际上可视为对汉易卦变系统的修正而提出的。不过，焦循所继承的仍是虞翻《易》说所创立的之正说。"之"，就是"变"的意思；"正"即表示阴爻居阴位（偶位），阳爻居阳位（奇位），它同样是虞翻倡导卦变的条例之一。从焦循反复强调对诸卦不正诸爻进行当位失道的爻位置换运动中可以看出，尽管操作程序有别于虞翻，但本质上仍是由虞翻之正的卦变条例中推衍而来，所以焦循直言不讳地说他的当位和失道乃是对虞、荀易学的去伪存真。正是基于这样的一种态度，焦循进而对汉代易学的卦气、纳甲又作了一番纠谬辨伪的工作。

卦气和纳甲都系汉代易学的术语，属象数范畴。卦气是《周易》解释一年的节气变化，将六十四卦与四时、十二月、二十四节气、七十二候相配合。"卦"指八经卦、六十四别卦。"气"特指二十四节气，以坎、离、震、兑为四正卦，分别主春、夏、秋、冬四时，其爻共二十四，主二十四节气。余六十卦主三百六十五又四分之一日，每卦主六日七分，内自复至乾、自姤至坤为十二消息卦，主十二辰，其爻共七十二，主七十二候。这样四季气候、日月星辰、地理方位、生物繁衍，都可通过卦气推导，并以人为的阴阳消长序列模拟四季更迭、星移斗转的客观秩序，从而预测天道人事，这也正是汉代学者构建《周易》的象数模式。不过，焦循是不赞成卦气说的。他认为卦气所列出的《周易》六十四的序列，不是原来《周易》的序列。他认为卦气是那些术数家和道士的种种附会，这就决定了他必然会批评汉代易学象数系统的纳甲理论。

所谓"纳甲"，一般是指汉代易学家把五行思想纳入八卦体系，构成《周易》神秘的思维模式。纳甲之法，始见于汉代京房《易传》，"分天地乾坤之象，益之以甲乙壬癸。震巽之象，配庚辛。坎离之象，配戊己。艮兑之象，配丙丁。八卦分阴阳，六位五行，光明四通，变易立节"。换言之，纳甲的基本方法是先将八卦同天干相配，天干两两组合再同五行相配。在汉代《易》的象数系统中，虞翻的纳甲说颇具特色。他认为：甲乾乙坤相得合木，谓天地定位也；丙艮丁兑得合火，山泽通气也；戊坎己离相得合土，水火相逮也；庚震辛巽相得合金，雷风相薄也；天壬地癸相得合水，言阴阳相薄而战于乾，故五位相得而各有会。然而，以纳甲解释《易》，纯属主观臆测，毫无科学根据。王夫之曾批评它为邪说，王引之认为它是道士的附会之说，不是《周易》的本义。焦循更认为卦气、纳甲已游离了《周易》"弥纶天地之道"的儒家精神，而流入术数，从而根本上否定汉代《易》的象数体系。

由此，焦循对汉代易学的揲蓍法演卦之数作了新的论证。《周易》是用"数"来占的一种占筮之术。筮法就是占筮的方法。它首载于《系辞传》的"大衍之数五十"这一段文字，由于这段文字简略隐晦，所以"五十"之数如何得来，引起了后人的种种猜测。如京房取十日、十二辰、二十八宿三数之和，马融则以为太极生两仪、生日月、生四时、生五行、生十二月、生二十四气之和；荀爽以八卦乘六爻加乾坤二用两爻之和；郑玄以为天地之数五十有五，减去相通之五行之得数。汉代刘歆提出："元始有象，一也。春秋，二也。三统，三也。四时，四也。合而为十，成五体。以五乘十，大衍之数也。"然而古代易数渊源并无明文记载，因此作为纯数，它以奇偶结合易象之阴阳，具有象征性与多适性，但是遗憾的是没有任何人对此作过精细的演绎。因此上述汉代诸家各异的判断，也就成为后来历代易学研究者理解易数的主要依据，如王弼、姚信、董遇等也都有论证。焦循在仔细验证了上述各家说法之后，认为都不可相信，只有宋代秦九韶《数书九章》中的《大衍数术》《蓍法表微》所说的"大衍之数五十，其用四十有九"之义，才与《周易》相符。根据现代学者对秦九韶揲蓍算卦之法的研究，认为它是一次同余问题的数学模型，并推导出元数：1，2，3，4；衍数：24，12，8，6；用数：12，24，4，9。因此，诸衍数之和为：24+12+8+6＝50，故称"大衍之数五十"。其用数之和为：12＋24＋4＋9＝49，故称"其用四十有九"。按照《周易》之理，筮人左右两手所分得这策应一奇一偶，以象征阴阳；若以五十策分之为二，则不能合此要求，故不可以五十为"用数"，称之为"衍数"，以表示筮法用蓍之"限率"而已。至于选用"四十九"为用数的理由，秦九韶解释说："假令用蓍四十九，信手分之为二，则左手奇，右手必偶，左手偶，右手必奇。欲使蓍数近大衍五十，非四十九或五十一不可。二数信意分之，必有一奇一偶。故所以用四十九，取七七之数始者。"这样，秦九韶从"大衍总数术"之称谓，完满地解释了筮法和"大衍之数五十，其用四十有九"这一长期为经学家聚讼不决的难题。对此，焦循亦按照秦氏之法，作了进一步的推衍。焦循说："一乘二为二，二乘为三为六，此一二三之互乘也。二乘三为六，六乘四为二十四，此二三四之互乘也。三乘四为十二，一乘十二仍为十二，此三四一之互乘也。四乘一为四，四乘二为八，此四一二之互乘也。合为五十，所谓大衍也。彼此互乘，蕃衍滋溢，故得为衍。衍数自为衍数，合数自为合数。大衍之数五十，与天地之数五十有五，各为一数，不能牵合者也。"按照焦循1、2、3、4互乘相加的步骤，其式分别为：1×2，2×6；2×3，6×4；3×4，1×12；4×1，4×2。由此相加可得大衍之数为：1×2×3+2×3×4+3×4×1+4×1×2=50。当然，焦循在具体运算过程中的所谓"互乘"，也就是上面介绍的古代算学的"乘方"计算方法。不过，焦循主要是以算筹记数，并以金、石、丝、竹、匏、土、革、木等字来表示的，这也同样给人们带来理解方面的实际困难。

焦循的易学，虽然别具一格，但是本质上仍属象数一派。他按照《周易》六十四卦的序列，将各卦爻组编成合乎逻辑的爻位置换运动，从而判断爻位象的吉凶祸福，使图式化了的当位、失道、时行与他所批评的卦气、纳甲，从根本上说仍是对汉易象数体系中卦变系统的修正。如焦循对卦爻位各象的分析，始终未能够摆脱出汉代易学家以初爻为"元士"，二爻为"大夫"，三爻为"三公"，四爻为"诸侯"，五爻为"天子"，上爻为"宗庙"以及注重第五爻象所分析的窠臼，而这些恰恰正是汉代易学的特征。换言之，焦循的易学研究，并没有彻底摆脱汉代以来易学研究传注形式的羁绊，而是对汉代易学的继承和拓展。

象数易学的创新

焦循认为圣人一贯忠恕的思想是易学的真谛，因此作为儒家经典之首的《周易》，所蕴含的不再是由零星片断结集而成的历史记载，而是一套哲学思想，或政治蓝图。所以它的诠释方式也有别于对作为历史记载的史料的考证，而应该从整体上把握全经，从而揣度看似毫无联系的六十四卦三百八十四卦爻中是否蕴藏有一个通贯全经的脉络，如果这个脉络确实深藏在卦爻之中，那么是不是可以从它潜在的层面进行发掘和再疏解。按照焦循的理解，这个解释工作，就是"以测天之法测《易》"，但焦循的研究方法却继承明清之际诸儒致力于经学和质测之学沟通的传统。

众所周知，明清之际，随着西学的东渐、实学思潮的萌动，传统的知识范畴也发生了引人瞩目的变化，变化之大莫过于清初学者在反思传统儒学的同时转而对质测之学的关注。方以智指出"推其常变，是曰质测"，王夫之说"即物穷理，唯质测为得之"。这些都表明着学术研究被确认为一种带有实证性质的研究过程。正是基于质测之学本质上是探明自然之理，所以明末清初学者对数学格外重视，便是这种实证态度引发的思维方法之一。不过，清初学者虽然明确地提出了将具体科学及实证方法引入经学研究，但当时仅仅是为了扬弃蹈空的性理之学，因而也始终未能真正展开实际工作来实践这个理想，它很快便被淹没在回归儒家原典的文献考证的洪流之中。然而思想一旦产生，便有它自己的生命力，清初学者提出的经学与质测之学沟通的方法论思想，却在乾嘉学界得以发酵并发展并被赋予了普遍的方法论意义，并成为儒学的重要组成部分。

正是在这种实测思想的指导下，焦循建立了自己的易学符号系统。然而，《周易》所体现的象、数、理三者是统一而不可分的。就象而言是乾和坤，就数而言是奇和偶，就理而言是阴和阳，这三位一体构成了《周易》的象数体系。焦循曾认为几何学上的求未知的几何图形，犹如象数中的所设之卦，而卦爻则是代数方程中的冥，如八卦的底数的平方乘以六，便成为三百八十四爻，"勾股割图者，绘方圆弧角之形，此伏羲所设之卦也。为天元，为幂，则卦之爻也。使不标以正负之目，明甲乙丙丁之名，则其比例和较之用，不可得而知，此六爻发挥之所以必赖文王系辞以明之也。故读文王、周公之辞，如读洞渊九之细草。细草所以明天元之法，彖辞、爻辞所以明卦之变通，可相观而喻也夫"（《易图略·原辞下第五》）。焦循这种求未知数的方法，也是《周易》象数体系中的类比推理方法。焦循运用这种演绎方法对元、亨、利、贞、吉、凶、悔、吝、当位、失道等进行反复论证，并以数学计算来寻求卦爻辞的意义。焦循曾对此解释说："绘勾股割圆者，以甲乙丙丁等字，指识比例之状，按而求之，一一不爽。义存乎甲乙丙丁等字之中，而甲乙丙丁等字则无义理可说……读《易》者当如学算者之求其法于甲乙丙丁。"（《易话·学〈易〉丛言》）焦循把《周易》象数体系视为一个比例形式，并以甲乙丙丁等符号来替代卦爻和计算。焦循虽然已经领悟到符号系统对于处理演绎方法的作用，但这也决定了他必然把《周易》象数体系看成一个封闭的体系。由于六十四卦三百八十四爻的有限数量，经过由大到小的不断割分，本来由阴阳两爻可以显示无限多的图像因此被僵化成某种图式，导致了焦循必然采用类比推理的求《易》方法。

类比推理，是数学中一种逻辑推理方法。类比推理是根据两个对象有一部分属性相似，推导出这两个对象的其他属性类似的一种推理方法。类比推理大致需经过三个阶段：一、根据目标系统的已知信息，寻找出一个与之相似的类比系统，确立起目标系统与类比系统之间的相似关系；二、将掌握类比系统的相似材料，经过适当而巧妙的变换，使之成为目标系统的相似材料；三、根据来自类比系统和目标系统的相似材料，逻辑推断出被认作关于目标系统的新知识。这样，整个类比推理的过程就随着目标系统上新信息的获得或作出关于目标系统的未知信息的推测而结束。三个阶段的顺序运行就构成了类比推理的动态结构。

其实，类比推理方法在很大程度上取决人的意图和着眼点。焦循易学中的相错和比例，就是根据卦爻之间的种种关联，推求其共性。又如齐同，它是初等代数中分式同分数进行类比有相同的属性，分子分母乘以同数，其结果不变，分母相同的分式相加减与分母相同的分数相加减之间有着共同的运算方法，由此类推出在分母不同情况下分式与分数的加减运算方法相同等。因此，类比方法实际是按以下的模式进行：A 有属性：a，b，c，d；B 有属性：a，b，c；B 有可能属性：d。《周易》六十四卦是由阴阳二爻组合而成的卦，并以此来推测人事吉凶。卦爻本身并不具有任何意义，而是由筮人赋予特别的含义，以阐述个人的见解。其理论思维属于类推系统，它不是依据客观必然性来预言结果，而是通过类比推理确定结果。比如《左传·僖公二十五年》载："秦伯师于河上，将纳王。狐偃言于晋侯曰：'求诸侯莫如勤王，诸侯信之，且大义也！继文之业而信宣于诸侯，今为可矣。'使卜偃卜之，曰：'吉！遇黄帝战于阪泉之兆。'……公曰：'筮之。'筮之遇《大有》之《睽》，曰：'吉！遇公用享于天子之卦，战克而王飨，吉孰大焉。且是卦也，天为泽以当日，天子降心以逆公，不亦可乎？《大有》去《睽》而复，亦其所也。'晋侯辞秦师而下。"这里的论题是晋侯所说的"求诸侯莫如勤王"，"遇《大有》之《睽》"便是卜和筮对此论题的论证，从而在引文"天为泽以当日"中推导出"天子降心以逆公，不亦可乎？""吉"的结论。又如《谦》卦的卦辞为"谦亨。君子有终。"这是由上卦坤与下卦艮组成的卦，象征"谦虚"，并赋予"亨"的意蕴，从而推断出凡为谦虚的"君子"必定成功。显然这也是一种类比推理的结果，因为类比所依赖的是已有的知识体系，它与目标系统只具有相似关系。也正因为此，一旦知识系统被确定为类比系统时，就必然根据目标系统上所展示的已知信息对其进行重新整合，并用恰当的语言来表达。在这种整合和表达过程中，一方面需要使用任何手段不断进行论证，其中不乏研究者的主观因素和直觉颖悟，另一方面还需要有胆识的引申以及绝妙纯熟的知识技巧与研究者本人灵活、开放的思维方式等。对此，笔者曾对《易通释》有关元、亨、利、贞等断语出现的次数和所占比重作了比率计算，其中吉祥类远远超过了非吉祥的比重，吉占七分之五，凶占七分之二。同样，焦循将假借也视为一种符号系统。假借完全从声音相同或相近这一点出发，假借和被假借之间可以有毫无意义上的联系，即假借字成为一个纯粹表音的符号。对此笔者就《易通释》所列各条假借语次数所占比重也作了比率计算，其中假借几占百分之六十。

依靠建立符号系统研究《周易》，既是焦循有别于前人或同时代人易学的最大特点，也是焦循易学所以引起当时学术界震动的最大原因。熊十力曾指出，焦循的易学，本质上是继承汉人的象数易学，其解释《周易》的方法，也是荀爽、虞翻的旁通与升降之意，而兼用比例之法，以观其会通。由此及彼，又由彼及彼，千脉万络，一气贯通。这就表明焦循的易学研究终究未能走出汉代易学，而只是传统象数易学在乾嘉时期的一种创新。

易学史上的奇葩

英国哲学家怀海特曾说："建立哲学的正确方法是构成一套思想的框架，然后坚定不移地探求用那套框架来解释经验。"焦循正是用了这种方法，依据他的旁通、相错、时行的易学原理，编织了一套表现为象数形式的逻辑类比推理的思想构架，并将自己的道德理想尽数纳入构架之中，在乾嘉学界取得了异乎寻常的成功。不过，从近代以来，人们对焦循的这个思想构架却褒贬不一。如郭嵩焘认为焦循是"乱经"；尚秉和认为焦循极力复古，是一种空谈；李镜池指出他"割裂文义，支离破碎，不可卒读"；高亨说焦循《易学三书》最为荒滥；而晚清今文经学者皮锡瑞在《经学通论》中却公开表彰焦循的易学，认为是"怡然理顺，涣然冰释"。上述两种截然不同的意见，虽各有其理由，但双方的共同点都在于如何理解由焦循独创的易学义例。换言之，确定焦循易学的优劣，取决于以什么样的角度来评析焦循治《易》的义例。所谓"义例"，即指著书的主旨和体例。如杜预注《左传》作序谓"经之条贯，必出于传；传之义例，总归诸凡"。然而经学研究贵创义例，本是乾嘉学者治经共同遵循的方法论原则。如惠栋著有以"例"名命的《易例》；凌廷堪著有《礼经释例》；李锐著有《周易虞氏略例》；王引之在《经义述闻》中曾总结出若干条例，如"旁记之文误入正文则成衍文""形近易误"等。焦循也确认"例"的重要性，他认为讲授任何一种学问，首先应该明确该书的主要精神和基本体例。虽然他没有明言研究《周易》中的具体义例是什么，但据笔者考察，焦循发明的所谓旁通、相错、时行、当位、失道就是他创立的义例。因为当位与失道，是焦循由旁通转向时行的中介；而大中、上下应、元亨利贞，本是焦循释《易》时运用时行方法中的具体步骤；时行是在旁通卦的基础上，根据每卦的当位与失道的爻位分析，使卦爻按照元、亨、利、贞既定的程序周而复始的爻位运动，也就是他说的

"由元亨而利贞，由利贞复为元亨，则时行矣"。时行的目的，在于在六十四卦爻的爻位置换过程中避免出现两个重复的《既济》卦，对此焦循称之为"大中而上下应"。所以焦循在给他的好友王引之的信中颇为自负地声称"因悟得其例有三：曰旁通，曰相错，曰时行"。然而焦循虽以旁通、相错、时行为治《易》三例，但三例之中，起关键作用的还是旁通一例。因为无论是相错、当位、失道与时行，也都是以旁通为基础并由旁通卦组推衍而出的。焦循曾将此形象地比喻为精微奇妙的象棋对局。弈棋需要有棋规（棋例），不懂棋规，等同离开了棋谱，不熟悉棋谱，虽知车、马、炮、卒、士、相、帅、将，也是枉然。由此可见，焦循的思想构架也正是由其设计的精致的义例来体现的。之所以会出现上面褒贬不一的两种不同意见，是因为前者是由维护传统象数易学的纯正，而后者则是站在今文学家的立场，因此虽各有其理由，但都偏于一端。章太炎则认为焦循的易学研究"虽陈义屈奇，诡更师法，亦足以名其家"。

焦循有系统、完整的社会伦理思想，就是继承了戴震的"达人之情，遂人之欲"的伦理思想，是在新的社会经济条件下形成的理欲观。这在他的另一部名著《孟子正义》中作了详尽的论证。他的旁通、时行也都是将变化之道纳入自己精心设计一套思想构架。这种托圣经以明其志，在自己学说外表披上羲、文、周、孔四圣之衣的做法，也是中国易学史上的惯技。焦循的主要学术活动是在 18 世纪末 19 世纪初，他的《易学三书》完成于嘉庆二十年（1815），这标志着他的易学思想的最终定型。这时汉学在思想文化领域的影响已经消退，学术倾向交临于个性的再自觉。清初以来从天文算学中丰富自己的思维方式的传统再次影响了成长于乾嘉后期的学者。汉学与西学两种不同文化传统的思维方式，给酷爱科学、渴望新知、熟悉中国经学的年轻夫子们打开了新的天地，使他们不甘于完成一种注释换成另一种诠释的职责。他们希望自己成为现实社会的评判家、读书的带路人、原作的改造者，他们的思想总是在其论著中顽强地表现出来，反映了他们对社会需要的理解，焦循之所以能不落俗套地研究《周易》就是一个明证。

焦循从小接受的是儒家思想的教育，儒学总是起着启蒙奠基的作用。他研究《周易》标榜自己正确发挥了圣人之言，但同时不可避免地受到西学的影响。西学开拓了他的视野，丰富了他的思维方式，在易学研究上颇有开创性的意义。我们今天研究焦循的易学，并不是为了判定其所构建的框架精确与否，而是应该认同他在人类已有科学知识的基础上继往开来，推陈出新。从这个意义上说，焦循的易学研究所表现的不仅仅是对传统的或大或小的突破，而是对传统易学研究方式上的一次革新，是中国易学史上的一朵奇葩。

附 录

年 谱

1763 年（乾隆二十八年）　二月初三日，生于扬州府江都县（分县为甘泉县）黄珏桥旧宅。名循，字理堂，一字里堂，晚号里堂老人，乳名桥庆。父焦葱，纳粟为太学生。嫡母谢孺人，生母殷孺人。

1765 年（乾隆三十年）　看门上春联，口呼字误，谢孺人奇之，口授唐人绝句。

1768 年（乾隆三十三年）　入私塾学习《毛诗》，跟从表兄范徵麟学习古文辞。范徵麟，字彬文，号秋帆。是年友人汪莱生。

1770 年（乾隆三十五年）　至公道桥阮家祝寿，壁上诗有"冯夷"二字，因能辨别其音韵，深得阮承勋的赏识，遂以女相配。

1773 年（乾隆三十八年）　从族父焦熊符学习《说文》，对语言学研究的兴趣由此萌生。

1774 年（乾隆三十九年）　读《诗品》，阅史地、天文、术算之书，有研究地理、算学之志。与泰州王联订交。

1779 年（乾隆四十四年）　应童子试，入郡学。以扎实的基础得到刘墉赏识，并接受刘墉学习经学的建议。

1780 年（乾隆四十五）　与阮承勋之女成婚。初入扬州安定书院学习。

1781 年（乾隆四十六年）　开始学习经学，读《毛诗》《尔雅》，对陆佃、罗愿之书颇感不满，思有所著述，补两家之不足，始撰《毛诗草木鸟兽虫鱼释》。

1782 年（乾隆四十七年）　　长子廷琥生。因家学的渊源，弱冠即好《孟子》，立志撰《孟子正义》。

1783 年（乾隆四十八年）　　邀徐复至家塾，指导其学习诸经注疏。与江都评话艺人叶霜林订交。

1784 年（乾隆四十九年）　　谢金圃督学，岁试扬州，与顾超宗同补为廪膳生。

1785 年（乾隆五十年）　　父焦葱与嫡母谢孺人相继病故。辍举子业，遍读说《易》之书，研究《周易》，于平时所疑皆无发明。

1786 年（乾隆五十一年）　　朱珪主持江南乡试，焦循丁忧，错失此次机会。是年大旱，变卖良田及妇金簪，购得《通志堂经解》一部。

1787 年（乾隆五十二年）　　在扬州郡城寿家鹤立堂担任家庭教师，继续修改《毛诗草木鸟兽虫鱼释》。因王应麟《诗地理考》琐杂，无所融贯，始撰《毛诗地理释》。顾超宗以《梅氏丛书》相赠，又得秦九韶、李冶之书，得闻洞渊九容奥义，始用力于研究算学。

1788 年（乾隆五十三年）　　二月，作《王处士纂周易解序》。八月，乡试不第。顾超宗病故，作《招亡友赋》。十一月，作《巴贞女挽歌》。

1789 年（乾隆五十四年）　　春，求谒刘端临，以事不果。始交江都黄次和、黄春谷兄弟。

1790 年（乾隆五十五年）　　馆于扬州郡城深港卞氏宅，校《仪礼》，撰《群经宫室图》，与江声往复辩难。十月，胡希吕岁试扬州，李啬生教授举焦循两赋，遂擢置第一。

1791 年（乾隆五十六年）　　正月，馆扬州郡城牛氏宅。五月，手录《毛诗物名释》若干卷。六月，阮元来函问及《群经宫室图》成书事。胡希吕督学江苏，焦循两试俱优，胡屡向学师荐举，因与奇大中丞所议不合而罢。

1792 年（乾隆五十七年）　正月，馆扬州郡城郑氏宅。九月，生少子名廷绣。凌廷堪过扬州，讨论"路寝"，作《与焦里堂论路寝书》，删定。

1793 年（乾隆五十八年）　二月，删定《毛诗物名释》第五册。所刻《群经宫室图》一函，由方仕煌转呈王昶。五月，阮元作《焦里堂群经宫室图序》。时江声《尚书集注音疏》出，费十力，阅一过。

1794 年（乾隆五十九年）　汪中卒。秋，草创《加减乘除释》。冬，作《陆氏草木鸟兽虫鱼疏》。

1795 年（乾隆六十年）　春，赴山东入阮元幕府。二月，在临清校士馆结识著名学者偃师武亿。三月作《与孙渊如观察论考据著作书》与之讨论考据之学。八月，过苏州，以《释弧》三卷，请益于钱大昕，钱大昕作序。

1796 年（嘉庆元年）　复游浙江，为阮元辑《淮海英灵集》。春，至宁波，寻访万氏遗书。二月，上书钱大昕论七政诸轮，著《释轮》二卷，明七政诸轮用弧三角之理。十二月，至顾之逵书室，始得观其藏书，为顾之逵校刊《烈女传》。

1797 年（嘉庆二年）　正月，作《上王述奄侍郎书二》，论述了自己对科举和学术的基本看法。并请王昶为其父作墓志铭。是年，授徒村中，阐述自己对宋明理学的看法，作《良知论》。四月至七月间，批校程瑶田《通艺录》，继续研究算学和形家之书。完成《加减乘除释》八卷并作序。

1798 年（嘉庆三年）　春，家居授徒，无宾客之扰。《毛诗草木鸟兽虫鱼释》原三十卷改定为十二卷，附考订陆玑疏一卷于末，凡十二卷。三月，作《复王伯申书》，讨论考据之非。秋九月，省试落选。继续修改《释弧》，并请江藩作序。

1799 年（嘉庆四年）　正月，王引之、沈钫、杨大壮分别致书讨论《释椭》事。三月，作《刻诗品序》，黄承吉作《加减乘除释序》。冬，

149

阮元作《里堂学算记总序》。作《毛诗鸟兽草木虫鱼释自序》《天元一释自序》。

1800 年（嘉庆五年）　四月、六月两度赴浙阮元幕府。十月，手抄梅文鼎手批《西镜录》一册。李锐为《天元一释》作序。十一月，与李锐、谈泰等在杭州共同讨论数学问题。

1801 年（嘉庆六年）　元旦，登吴山第一峰，赋诗一首。正月，作《开方通释自序》。春乡试，与好友李钟泗同日中举。时汪孝婴客寓扬州郡城秦恩福家，与之讨论《益古演段》《测圆海镜》事。

1802 年（嘉庆七年）　正月，赴北京参加礼部考试，不第。与戴敦元论订《天元一释》。在北京作《文章强弱辨》。四月，拜谒朱珪、英和。五月，从京回扬州，作《壬戌会试记》。七月，应阮元之邀前往浙江。十月，从浙江返回扬州。十二月，作《禹贡郑注释自序》。

1803 年（嘉庆八年）　正月，阮元四十寿辰，与白居易同日生，作《白香山日序》以纪之。阅王应麟《诗地理考》，苦其繁杂，无所融通，撰《毛诗地理释》四卷。

1804 年（嘉庆九年）　六月，开始撰写《易通释》，名其室为"倚洞渊九容数注易室"。与王引之讨论《周易》。九月，作《论语通释》，就正于汪孝婴。

1805 年（嘉庆十年）　二月至七月，手书题记《毛诗注疏》。撰成《剧说》六卷。

1806 年（嘉庆十一年）　正月，馆扬州郡城郑氏宅，与汪孝婴馆扬州郡城汪氏宅相近，朝夕相聚，时以《易》相订正。三月，与张古馀、赵怀玉同辑《扬州图经》和《扬州文粹》。阮元春讳家居，常至北湖，出示所撰《北湖小志》稿，并请其作序。

1807 年（嘉庆十二年）　二月，上书伊秉绶，讨论《扬州图经》编纂事宜，拟目录以呈正。三月，病剧，误服药，致耳聋、昏睡，焦廷琥仍郑素甫医案治之，病愈。五月，请臧庸撰写《焦氏世德记》。十二月，完成六卷本《北湖小志》。

1808 年（嘉庆十三年）　四月，阮元再抚浙江，剿平海盗，作《神风荡寇后记》纪之。是年与姚文田、白熔共同纂修《扬州府志》。以修志酬金筑雕菰楼，托足疾居黄珏村舍，自此足不入城，十余年，闭门著书。

1809 年（嘉庆十四年）　誓于先圣先师，摒弃他业，专注于研究《周易》。六月，撰成《扬州府志》。以杂文旧事作《扬州足征录》《邗记》六卷。凌廷堪病故。

1810 年（嘉庆十五年）　正月，修改《易通释》。六月，作《北湖三家词钞》。

1811 年（嘉庆十六年）　正月，日坐一室，终夜不寐，专理《周易》。

1812 年（嘉庆十七年）　正月，与门人纵言王弼《易》说。十二月，应汪掌廷之请，作《八五偶谭》一卷。

1813 年（嘉庆十八年）　完成《易通释》《易图略》二书。十一月，汪莱卒于官，作《石埭儒学教谕汪君孝婴别传》。作《易余籥录》《易话》《注易日记》。

1814 年（嘉庆十九年）　《易学三书》初稿成。三月，录《尚书补疏》一卷。取《毛诗地理释》《毛诗草木鸟兽虫鱼释》和《毛郑异同释》三书合为一书，题《毛诗补疏》。五月，录《论语补疏》二卷。完成《礼记郑氏注》五卷、《里堂道听录》五十卷。

1815 年（嘉庆二十年）　撰成《雕菰楼易学三书》四十卷。阮元推许为"石破天惊，圣人复起"。伊秉绶病逝。

1816 年（嘉庆二十一年）　正月二十三日，作《请立北湖耆旧祠状》。四月，作《论语何氏集解》。阮元作《焦氏雕菰楼易学序》。十二月，与子廷琥始纂《孟子长编》。

1817 年（清嘉庆二十二年）　正月，手订《雕菰集》二十四卷，文三百二十六篇，诗四百二十首。二月，手写《雕菰楼易学》四十卷，先《图略》，次《通释》，次《章句》。英和撰《江都焦氏雕菰楼易学序》。八月，作《与朱椒堂兵部书》，阐述了自己对《周易》的基本看法。十二月，酝酿撰《孟子正义》，成《孟子长编》十四帙。作《春秋左传补疏序》。

1818 年（嘉庆二十三年）　四月，作《尚书孔氏传补疏自序》。五月，作《周易补疏序》。六月，作《毛诗补疏序》。七月，作《礼记补疏序》。十二月，开笔撰《孟子正义》，并纂《孟子正义日课记》。

1819 年（嘉庆二十四年）　六月，作《花部农谭序》。七月，撰成《孟子正义》三十卷，手录十二卷。

1820 年（嘉庆二十五年）　六月，足疾复发，并迅速转化为疟疾，连续高烧不退。七月二十七日，病逝于江苏甘泉。

主要著作

1.《雕菰楼易学三书》四十卷。

2.《易话》二卷。

3.《易广记》三卷。

4.《周易补疏》二卷。

5.《易义解诂》稿本三册。

6.《尚书补疏》二卷。

7.《书义丛钞》四十卷。

8.《禹贡郑注释》二卷。

9.《古文尚书辨》八卷。

10.《毛诗补疏》五卷。

11.《毛诗地理释》四卷。

12.《毛诗草木鸟兽虫鱼释》十卷。

13.《毛诗物名释》一卷。

14.《陆氏草木鸟兽鱼虫疏》二卷。

15.《陆玑疏考证》二卷。

16.《推小雅十月辛卯详疏》二卷。

17.《礼记补疏》三卷。

18.《群经宫室图》二卷。

19.《三礼便蒙》不分卷。

20.《春秋左传补疏》五卷。

21.《论语补疏》三卷。

22.《论语通释》一卷。

23.《孟子正义》三十卷。

24.《孟子补疏》二卷。

25.《北湖小志》六卷。

26.《邗记》六卷。

27.《里堂家训》二卷。

28.《加减乘除释》八卷。

29.《天元一释》二卷。

30.《释弧》三卷。

31.《释轮》二卷。

32.《释椭》一卷。

33.《开方通释》一卷。

34.《开方释例》一卷。

35.《乘方释例》不分卷。

36.《易余籥录》二十卷。

37.《八五偶谭》不分卷。

38.《雕菰集》二十四卷。

39.《易余曲录》一卷。

40.《花部农谭》一卷。

41.《剧说》六卷。

参考书目

1. 李学勤：《郭店楚简与儒家经籍》，见《中国哲学》第二十辑，辽宁教育出版社，1999 年。

2. 梁启超：《中国近三百年学术史》十三《清代学者整理旧学之总成绩》。

3. 李继闵：《试论中国传统数学的特点》，载《中国数学史文集（二）》，山东教育出版社，1986 年。

4. 袁小明：《论中国古典数学的思维特征》，《自然科学史研究》1990 年第 4 期。

5. 程纲：《焦循天算学、易学学术思想研究》，1996 年西北大学未刊博士论文。

6. 李继闵：《"蓍卦发微"初探》，载《秦九韶与〈数书九章〉》，北京师范大学出版社，1987 年。